流言のメディア史

佐藤卓己
Takumi Sato

Eurus
Notus
Boreas
Zephyrus

岩波新書
1764

岩波新書新赤版一〇〇〇点に際して

ひとつの時代が終わったと言われて久しい。だが、その先にいかなる時代を展望するのか、私たちはその輪郭すら描きえていない。二〇世紀から持ち越した課題の多くは、未だ解決の緒を見つけることのできないままであり、二一世紀が新たに招きよせた問題も少なくない。グローバル資本主義の浸透、憎悪の連鎖、暴力の応酬――世界は混沌として深い不安の只中にある。

現代社会においては変化が常態となり、速さと新しさに絶対的な価値が与えられた。消費社会の深化と情報技術の革命は、種々の境界を無くし、人々の生活やコミュニケーションの様式を根底から変容させてきた。ライフスタイルは多様化し、一面では個人の生き方をそれぞれが選びとる時代が始まっている。同時に、新たな格差が生まれ、様々な次元での亀裂や分断が深まっている。社会や歴史に対する意識が揺らぎ、普遍的な理念に対する根本的な懐疑や、現実を変えることへの無力感がひそかに根を張りつつある。そして生きることに誰もが困難を覚える時代が到来している。

しかし、日常生活のそれぞれの場で、自由と民主主義を獲得し実践することを通じて、私たち自身がそうした閉塞を乗り超え、希望の時代の幕開けを告げてゆくことは不可能ではあるまい。そのために、いま求められていること――それは、個と個の間で開かれた対話を積み重ねながら、人間らしく生きることの条件について一人ひとりが粘り強く思考することではないか。その営みの糧となるものが、教養に外ならないと私たちは考える。歴史とは何か、よく生きるとはいかなることか、世界そして人間はどこへ向かうべきなのか――こうした根源的な問いとの格闘が、文化と知の厚みを作り出し、個人と社会を支える基盤としての教養となった。まさにそのような教養への道案内こそ、岩波新書が創刊以来、追求してきたことである。

岩波新書は、日中戦争下の一九三八年一一月に赤版として創刊された。創刊の辞は、道義の精神に則らない日本の行動を憂慮し、批判的精神と良心的行動の欠如を戒めつつ、現代人の現代的教養を刊行の目的とする、と謳っている。以後、青版、黄版、新赤版と装いを改めながら、合計二五〇〇点余りを世に問うてきた。そして、いままた新赤版が一〇〇〇点を迎えたのを機に、人間の理性と良心への信頼を再確認し、それに裏打ちされた文化を培っていく決意を込めて、新しい装丁のもとに再出発したいと思う。一冊一冊から吹き出す新風が一人でも多くの読者の許に届くこと、そして希望ある時代への想像力を豊かにかき立てることを切に願う。

（二〇〇六年四月）

佐藤卓己

1960年生まれ
京都大学大学院博士課程単位取得退学．国際日本文化研究センター助教授などを経て，
現在－京都大学大学院教育学研究科教授
専攻－メディア史，大衆文化論
著書－『『キング』の時代』(2002年，岩波書店，日本出版学会賞受賞，サントリー学芸賞受賞)，『言論統制』(2004年，中公新書，吉田茂賞受賞)，『輿論と世論』(2008年，新潮選書)，『『図書』のメディア史』(2015年，岩波書店)，『青年の主張』(2017年，河出ブックス)，『ファシスト的公共性』(2018年，岩波書店，毎日出版文化賞受賞)，『現代メディア史 新版』(2018年，岩波書店)，『負け組のメディア史』(2021年，岩波現代文庫)，『池崎忠孝の明暗』(2023年，創元社)など．

流言のメディア史　　岩波新書(新赤版)1764

2019年3月20日　第1刷発行
2023年7月25日　第2刷発行

著　者　佐藤卓己《さとうたくみ》

発行者　坂本政謙

発行所　株式会社 岩波書店
〒101-8002 東京都千代田区一ツ橋2-5-5
案内 03-5210-4000　営業部 03-5210-4111
https://www.iwanami.co.jp/

新書編集部 03-5210-4054
https://www.iwanami.co.jp/sin/

印刷製本・法令印刷　カバー・半七印刷

ISBN 978-4-00-431764-7　　Printed in Japan

第1章
メディア・パニック神話
——「火星人来襲」から始まった？——

1938年10月30日，CBSスタジオで《宇宙戦争》出演中のオーソン・ウェルズ（『スウィング&パニック』西武タイム，1985年より）

バーチャル・リアリティーの日常世界

私たちは「あいまいな真実」と「魅力あるデマ」が絶えず流れ込む情報空間に生活している。日本で「インターネット元年」と呼ばれる一九九五年、このデジタル革命を「リアリティー侵略戦争」として告発した著作がアメリカで出版されている。マーク・スロウカ『それは火星人の襲来から始まった』(原題は『宇宙戦争』*War of the Worlds*)である。刊行から約四半世紀が経過した同書をいまヴァーチャル・リアリティー論として読む人はまれだろう。メディアが伝える出来事の描写の方が実際に起こった出来事よりも本物らしく思える、そうした感覚はすでに今日では日常化している。とはいえ、この感覚にも個人差があり、政府が発表するアベノミクスの経済指標などは眉に唾をつけて読む人が多いように、社会全体がメディアが伝える仮想現実で動いているわけでもない。それでも「火星人襲来」から〝いま〟が始まったという指摘は、メディア論として重要である。スロウカは電子文明が勝利した決定的瞬間として、一九三八年一〇月三〇日にアメリカで起こったマス・パニックを描いている。

合衆国東海岸各地の市民が、H・G・ウエルズの原作(一八九八年)をオーソン・ウエルズがラジオドラマ化した『宇宙戦争』を聞き、十六本の触手を持つ火星人が地球に着陸したと信じてパニックに駆られ、高台をめざしたからだ。それはRCA〔アメリカラジオ会社〕の技術者にとっての劇的勝利であり、新時代の到来を告げる決定的瞬間だった。ウエルズの電子的幻影は、来襲した火星人から逃れるために北へ逃げた大勢の人々の常識および現実を、あっさりと打ち負かしたのだ。

火星人（すなわち電子的幻影の軍勢）は、それ以来進撃をつづけている。世界と世界の戦争（『宇宙戦争』の原題は（略）「世界と世界の戦争」を意味する“War of the Worlds”）――物理的現実対〝ほかのどこか〟の軍勢――はつづき、現実は痛撃をくらいつづけている。（強調は原文）

ここで興味深いのは、ヴァーチャル・リアリティーの影響力を批判するスロウカが「火星人来襲パニック」が歴史的事件であることをまるで疑っていないことだ。結論から言ってしまおう。「火星人来襲」というラジオのフェイクニュースから〝いま〟が始まったのではない。正確に言えば、〝いま〟が始まったのは新聞のフェイクニュース「火星人来襲パニック」からであり、それに依拠したハドリー・キャントリルのラジオ調査『火星からの侵入――パニックの社会心理学』（原著、一九四〇）からである。そう主張する論文を含む『宇宙戦争からソーシャルメディアへ』（二〇一三）を手にしたとき、私はちょっとした衝撃を覚えたものだ。私も講義で語ってきた「定説」が否定されためである。

「火星人来襲パニック」という神話の成立過程を分析した論文とは、J・プーレー&M・ソコロウ「『火星からの侵入』の検証――H・キャントリル、P・ラザースフェルド、歪んで記憶された古典の成立」(二〇一三)である。プーリーはミューレンバーグ大学でメディア論を、ソコロウはメイン大学でラジオ放送史を担当する研究者である。この共同研究の要旨「宇宙戦争パニックの神話」はウェブ上で簡単に読むことができる。彼らの指摘は説得的であり、以下の「神話」解体作業も彼らの論文に依拠している。

災害パニック神話

「危機の時代のメディア・コミュニケーション」という副題をもつ『宇宙戦争からソーシャルメディアへ』を私が取り寄せたきっかけは、やはり東日本大震災であった。3・11以後、いわゆる「災後」のメディア研究者として私も流言現象に関心を寄せてきた。東日本大震災の直後は「コスモ石油の黒い雨」「外国人窃盗団多発」「放射能にはヨウ素入りうがい薬が効く」……など多様な流言蜚語、デマ情報が広まっていた。そうしたニセ情報はツイッターやフェイスブックなどによって瞬時に拡散される。このテーマでは荻上チキ『検証 東日本大震災の流言・デマ』(二〇一一)が役に立つ。同書で「流言・デマの悪影響を最小化するために」参照されるのも、前述の古典的名著、キャントリル『火星からの侵入』である。流言が引き起こすパニックをどう回避するか、荻上の関心もそこにあったようだ。

社会心理学では、一般に流言の拡がりは「R〜i×a」の定式で説明される(オルポート&ポストマン、一九五二)。すなわち、流言(Rumour)は受け手における当該情報の重要性(importance)と裏付ける状況のあいまいさ(ambiguity)の積に比例して拡散する。ただし、その後の実証的な研究では、あいまいさの影響力のみが支持され、重要性については必ずしも支持されておらず、重要性を不安(anxiety)に置き換えた「R〜a×a」が提示されている(ロスノウ&ファイン、一九八二)。いずれにせよ、生死に関わる情報の裏付けが取れない場合に、流言の拡散は極大化するわけだ。東日本大震災の被害は甚大、状況は混沌としていた。くわえて当時の政府は内閣支持率の最低記録を更新した菅直人内閣である。こうした流言研究の「常識」からすれば、パニックが起こって当然とも言える状況だったかもしれない。実際、枝野幸男官房長官(当時)は震災翌日のテレビ会見で、国民に対しデマに惑わされぬよう、それを流す側に回らぬように、と訴えた。このときも、その前も、日本の政治家や官僚の脳裏にある流言パニックの原型は「火星人来襲」なのである。

たとえば、二〇〇六年一〇月一六日の衆議院「国際テロリズムの防止及び我が国の協力支援活動並びにイラク人道復興支援活動等に関する特別委員会」における、民主党・伴野豊委員の発言である。この五日前に発生したマスコミの「北朝鮮核実験」誤報事件に関連して、「火星人来襲」に言及している。

「これは、私の記憶だとアメリカのラジオ番組だったですか、同じような例にはならないんですけれども、火星人襲来ということでアメリカじゅうがというようなこともありました。要するに、集団ヒステリック、パニックというのも非常に恐いわけでございまして、暴発ということにもなるわけでございます」

塩崎恭久内閣官房長官（当時）は、政府として国際情勢の把握につとめ、マスコミには冷静な対応を希望する旨の答弁をしている。「火星人来襲」は国会でもまじめに議論すべき歴史的教訓として扱われている。しかし、東日本大震災では極度の不安感情を抱いた人々も冷静に対応し、極端な混乱は発生しなかった。ここでは敢えて、なぜパニックが起こらなかったのかではなく、問題を逆に立ててみたい。そもそも、なぜ大災害でパニックが起こると人々は考えるのか、と。その上で、はたして火星人来襲パニックは典型的事例として引くのに妥当な歴史的事実なのかどうか、と。

なるほど、藤竹暁《ふじたけあきら》『パニック――流言蜚語と社会不安』（一九七四）は「マス・パニック――火星からの侵入事件」を次のように書き起こしている。

この番組をきいた人は全米で六〇〇万人にのぼり、少なくとも一〇〇万人はこの番組によって驚き、パニック状態を呈したといわれる。（略）ドラマをきいた人たちのうち約一〇〇万人は、このドラマの途中で神に祈り、泣きさわぎ、また火星人の攻撃からのがれようと必死にかけまわった。

後述するように、聴取者六〇〇万人もパニック状態の一〇〇万人も、キャントリル報告が過大に見積もった推定値である。だが、本当に一〇〇万人が「泣きさわぎ」「必死にかけまわった」のだろうか。今日の災害社会学研究（E・L・クアランテリなど）では、ハリウッド映画の災害シーンはともかく、現実のパニック（恐慌）状態では人々は逃避するよりその場にとどまることが多く、災害や戦時に騒乱が発生するのは例外的だとされている。必要な情報が得られない人間の置かれた状況は、豪雨でフロントガラスから外が見えない自動車とよく似ており、そこでアクセルを踏むドライバーは例外的である。本来、パニックの指示内容には「不安、狼狽《ろうばい》などに起因する激しい個人的感情」から「暴動など社会的混乱をもたらす集合行動」まで幅があるはずだが、「災害パニック」で後者のみがイメージされる理由の一つも、この「火星人来襲パニック」神話なのである。

弾丸効果パラダイムという神話

この「火星人来襲パニック」神話を掘りすすむと、メディア論の弾丸効果パラダイムに行き当たる。「弾丸効果論」はマス・コミュニケーション研究が始まった一九二〇年代から四〇年代にかけて、つまりファシズムと戦争の時代に支配的だったメディア学説の総称である。それはマスメディアが受け手大衆に直接作用して、画一的で強力な反応を即座に引き起こすことができるとする仮説であり、総力戦期のプロパガンダ研究を支えるパラダイムとなった。しかし実証研究がすすむと、メディアは受け手の先有傾向を補強することはできても、人的コミュニケーションを経ずメディア情報だけで即時に直接的な態度変更を引き起こすことはむずかしいと考えられるようになった。いわゆる「限定効果論」である。その後、一九七〇年代以降には長期的影響を視野に入れた「新しい強力効果論」が台頭し、古典的な「弾丸効果論」を今日も主張する研究者はいない。しかし、専門家と世間一般の認識ギャップは大きく、いまだにメディアの弾丸効果を語る俗論は跡を絶たない。

例えば、二〇一三年夏の参院選挙におけるネット選挙運動解禁に関するマスコミ報道である。新聞やテレビはネット選挙運動解禁で大きな変化が起こるかのごとく報道したが、メディア研究者で大きな変化を予想した者はほとんどいなかった。そもそも、公示前に投票先を決めている有権者が半数近い現状において、約二週間ほどのウェブ運動で投票行動が反転する可能性は少ない。また、新聞や放送などプッシュ(押し出し)型メディアと違って、インターネットはプル(引き出し)型メディアである。関心のある情報を自ら検索することで威力を発揮する。ある候補の情報にアクセスした人は、すでに公示前にその候補に投票を決めている場合が多く、公示後の短期的効果、つまり弾丸効果などは期待できるはずもない。それにもかかわらず、新聞やテレビなど既存メディアが不安を煽り立ててきたわけである。ここで重要なのは、ニューメディアに対する既存メディアの敵意ある眼差しである。

本書「はじめに」で触れたSNS有害論をもう一度思い出していただきたい。もちろん情報のデジタル化が政治のポピュリズム化を加速させていることは否定できない。SNS利用で自分が見たい情報しか見えなくするフィルターバブルは確かに公共性にとって深刻な問題であるし、AI技術とビッグデータを駆使したマイクロターゲット宣伝も個人の情動を狙い打ちにしている。しかし、そうしたデジタル選挙宣伝で目指されるのも弾丸効果ではなく、限定効果の最大化なのである。ラジオ時代に信じられた「魔法の弾丸効果」が復活したわけではないのである。

いずれにせよ、大学におけるメディア論の講義では、弾丸効果論は過去のパラダイムとして扱われている。拙著『現代メディア史』(一九九八)でも、弾丸効果論時代の古典的研究としてキャントリル報告に言及していた。しかし、私もまた「パニックが起こった」ことは疑ってはいなかった。このパニックを歴史的事実とみなした上で、それを解釈する枠組みを以下のように示している。それはラジオ時代における「真実らしきドラマ」と「ドラマ仕立て報道」との類似性であり、この指摘そのものはいまもまちがいだとは思っていない。

「宇宙戦争」の七カ月前、一九三八年の四月一日、ヒトラーはオーストリアに進駐を開始した。CBSヨーロッパ支局長エドワード・マローは、この動きをウィーンから国際リレー放送で生中継し、第二次大戦勃発後の一九四〇年七月にはロンドン空襲を屋根の上から実況放送した。こうした臨場感あふれる戦争報道によって「放送ジャーナリズム」は確立した。だが、「リアルさ」を衝撃的にリビングに伝える報道は、その誕生からドラマ仕立ての様式を備えていた。

もちろん、私は二〇一八年に改訂した『現代メディア史 新版』で、火星人来襲パニックを「弾丸効果」神話の一つとした上で、以下の文章を新たに書き加えた。

> 新聞は競合するニューメディアの「ハロウィンのいたずら」番組に過剰反応したが、実際にパニック発生で生じたとされたショック死や軍隊出動の記録は確認されていない。ロックフェラー財団の資金援助で行なわれたキャントリルのラジオ研究(『火星からの侵入』一九四〇)では、ラジオの効果を強調すべく聴取者の反応が過大に評価されていた。

ここで「火星人来襲」騒動の背景を理解するために必要な若干の歴史的解説を加えておきたい。一九三八年春のオーストリア併合の後、ヒトラーはさらにチェコにズデーテン地方の割譲を要求し、ヨーロッパは一触即発の戦争危機に包まれていた。結局、イギリスの宥和政策により、ヒトラーの要求は九月三〇日ミュンヘン会議で承認された。それは火星人来襲ドラマのちょうど一か月前である。戦争回避に向けて外交交渉が続けられた期間中、アメリカのラジオ放送はしばしば番組を中断して臨時ニュースを放送していた。ウェルズのラジオ劇は臨場感の演出に、この臨時ニュースと前年五月の「飛行船ヒンデンブルク号炎上事件」実況中継のイメージを利用した。だとすれば、聴取者が「火星人」でドイツ兵を想起したとしても不思議ではない。キャントリルのインタビュー調査でも以下の回答が寄せられている。「わしはドイツ人がみんなをガスでやっつけようとしていると思ったね。火星人だなんていっていたが、アナウンサーはよく知らないで、まだヒトラーがかれらを送ってよこしたのを知らないんだと思ったね」

ここで考えたいのは、このように回答した人物が本当にパニックに陥っていたかどうかである。それを検討する前に、まずはラジオ・ドラマ《宇宙戦争》について簡単に補足しておくべきだろう。

「火星人来襲」のドラマトゥルギー

このドラマは一九三八年のハロウィン(一〇月三一日)の前日、CBS系列でオーソン・ウェルズ主宰の劇団「マーキュリー劇場」による《マーキュリー放送劇場》(日曜日午後八時~九時)として生放送された。小説や戯曲をラジオ・ドラマにアレンジした教養番組だが、同じ時間帯には当時圧倒的な人気を誇ったNBC系列の娯楽番組が放送されていた。聴取率ではこの腹話術師エドガー・バーゲンと人形チャーリー・マッカーシーのコメディー番組が四〇%に対して、《マーキュリー放送劇場》はわずか二～三%と低迷していた。

そこでオーソン・ウェルズが試みた起死回生の一弾が、一〇月三〇日放送の《宇宙戦争》である。H・G・ウェルズの原作(一八九八)もイギリスとドイツの軍拡競争の中で未来戦記として読まれたが、放送では一九世紀末のロンドンだった舞台を現代アメリカに移し、臨時ニュースや実況中継などの演出を織り交ぜながらドキュメンタリー風にストーリーが展開した。台本を執筆したハワード・コックはこの五年後、反ファシズム宣伝のロマンス映画《カサブランカ》(マイケル・カーティス監督、一九四二)の脚本でアカデミー脚色賞を受ける鬼才である。低聴取率のためスポンサーがつかない自主制作番組であり、CMが途中で入らなかったことも、いっそうの臨場感を与えることになった。CBSは《マーチ・オブ・タイム》ですでにドラマ手法を取り入れたニュース番組を制作しており、ウェルズ自身もそのレギュラー出演者のひとりだった。ドラマ《宇宙戦争》の幕間《まくあい》前にはアマチュア無線愛好家が発信する「2X2L　コーリング　CQ。ニュー・ヨーク誰か聞いていませんか？　誰も聞いていませんか？　2X2L……」が流される。いかにもラジオ時代の演出である。

その内容は荒唐無稽だが、構成も演出もその効果が十分に計算されていた。午後八時一二分にライバル番組でショーの一幕が終わり、およそ一三%の聴取者がダイヤルを回し始めるタイミングに「臨時ニュース」が入ったのも偶然ではない。つまり、多くの聴取者が冒頭の「フィクションである」とのアナウンスを聴かないだろうということも折り込み済みだった。

こうしてライバル番組の構成を分析しつくした上での演出である。また、この「ハロウィンのイブのいたずら」の番組宣伝に利用すべくスタジオ写真(本章扉図)もさまざまな角度から撮られていた。あらかじめ話題騒然となることを狙ったメディア・イベントの「仕込み」である。《宇宙戦争》はウェルズが初めて稽古から音響まですべてを自ら監督した作品だった(フランス、一九八三)。

もちろん、CBS側も「放送事故」の発生を予測しており、責任回避の決まり文句「これはドラマです」を番組放送中に四回、すなわちドラマの冒頭、幕間の前後、終了後に繰り返した。こうしたクレーム対応の定型コメントは脚本段階でCBS担当者の要求により書き加えられていた。訴訟にそなえた弁明まで周到に用意されてもいたわけである。そのため、新聞ラジオ欄で番組を確認していた者はもちろん、最初から落ち着いて聴いていた者にもドラマであることは自明だった。むしろ、番組途中でチャンネルを替えて「臨時ニュース」や「現場中継」を耳にした者、知り合いから電話連絡を受けてラジオのスイッチを入れた者だけが驚き困惑したというべきだろう。火星人来襲という異常事態に接して、不安になる人々がいたことは事実だろうが、それが聴取者の多数を占めたわけではない。

ドラマは最後に火星人が病原菌によって死滅することであっけなく幕を閉じるのだが、一部の聴取者はラジオから離れて新聞社、放送局、警察に電話で事実関係を確認し始めていた。そのため交換台は対応しきれず、電話が不通となりフラストレーションが高まったのも事実だろう。放送終了後、CBSは夜の一〇時半、一一時半、一二時に全中継局を通じて、次のようなアナウンスを流している。

「番組中で四回はっきりと申しあげたことを繰りかえしますと、アメリカ国内の都市の名前が用いられましたが、すべての小説やドラマと同様に、この物語全体とそのなかの出来事はすべてフィクションであります」

CBSは番組の一部分のみを聴いた聴取者の思いこみが騒動の原因だと説明した。とはいえ、「番組の一部分のみ」を聴く、断片的な聴取形式こそが、ラジオ放送のメディア特性である。

この番組内容とは別に、当時のアメリカ大衆が「火星人」について抱いていた一般的イメージについても説明が必要かもしれない。原作の火星人は触手が一六本あるタコ型の生命体（図2-1）だが、多くの聴取者はより人間的な火星人を想像していたかもしれない。当時、「ターザン」の作家でもあるエドガー・ライス・バローズのSF小説「火星シリーズ」（一九一二〜四二）がパルプマガジンに連載され大人気を博していた。また、このラジオ劇が放送される七か月前、一九三八年三月に《蛮勇タルザン》（ユニバーサル映画、一九三三）でターザン役をつとめたラリー・バスター・クラブが主演じた「火星映画」が公開されている。こちらはアレックス・レイモンドの人気コミック『フラッシュ・ゴードン』を映画化した《フラッシュ・ゴードンの火星旅行》(ユニバーサル映画、一九三八)である。その再編集版《火星地球を攻撃す》は日本でも翌三九年に公開された。それは海野十三『火星兵団』(一九四一)、手塚治虫の初期マンガ『火星博士』(一九四七)などに影響を与えたスペースオペラの古典として有名である。映画関連でいえば、《宇宙戦争》放送台本は一九九四年六月にニューヨークでクリスティーズのオークションにかけられ、三万二二〇〇ドルでスティーブン・スピルバーグが落札している。スピルバーグ監督の《宇宙戦争》(パラマウント映画)の公開は二〇〇五年である。

新聞のパニック報道とその影響

「火星人来襲パニック」について最も頻繁に引用される記事は、翌一〇月三一日付『ニューヨーク・タイムズ』の第一面にある。「ラジオ聴取者のパニック——戦争劇を事実と取る」の見出しの下で、「〝火星からの毒ガス攻撃〟から逃れるべく避難者多数——ウェルズの空想小説放送で警察に電話殺到」が報じられている。全米の新聞は三週間で一万二五〇〇件の関連記事を掲載したという。事件が翌日の新聞で大々的に報じられたのは、日曜日の夜に突如として新聞社に問い合わせの電話が殺到したことも一因だろう。ＡＰ通信社はラジオ番組中の八時四八分に各加盟新聞社に「隕石衝

図1-1　「猟銃で火星人を待ち受けるグローバーズ・ミルの農場主」として多くの新聞に掲載されたヤラセ写真（John Gosling, *Waging the War of the Worlds*, McFarland & Company, Inc., 2009より）

突によってニュージャージーの住民が殺戮《さつりく》されたとの報道はラジオ・ドラマのフィクションにすぎない」と特別通信を送っている。翌日、ハロウィン当日の新聞記事はＡＰ発の記事が中心であり、記者はそれ以外を想像力で補って書いた。裏付け調査で確認できない「事件」が多いのはそのためである。多くの新聞が掲載した「猟銃で火星人を待ち受けるグローバーズ・ミルの農場主」（図1-1）の写真もヤラセだった。「あの翌日、新聞カメラマンの要請で撮られたもの」であることを脚本家ハワード・コック自らが三一年後に現地を訪れて突き止めている（コック、一九七二）。

　たまたま停電が発生した西海岸のワシントン州コンクリートでは住民は特に不安を募らせたようだが、それを大きく報じた通信社の記事によりこの町は有名になった。だが、関連報道はハロウィンパーティーの終了とともに、急速に紙面から消えている。つまり、「火星人来襲パニック」はラジオと新聞の合作による二重の意味でのメディア流言だった。大量の新聞記事があるが、警察や病院などの記録で裏付けが取れる重大事故は自殺を含め一件も確認できなかった。キャントリルが指導するプリンストン大学のラジオ研究班は、ニューアークで数人がショックで病院に運び込まれたという「うわさ」を検証しようとしたが、誤報であることが判明した。同グループはニューヨーク市の病院でパニックによる搬入者の記録を探したがそれも発見できなかった。また、『ワシントン・ポスト』が報じた心臓発作を起こしたバルティモアの聴取者についても確証を得ることは結局できなかった。

CBSを相手に「精神的衝撃」のため五万ドルの損害賠償を求めて訴訟を起こした聴取者はいたが、彼女の請求はすぐに却下されている。パニックで郊外に逃げ出す自動車の事故も、治安維持のため民兵が集合した事実もまったく存在しない。アメリカの新聞が創り出したパニック報道を現実に確認する記録はないわけである。唯一確かなのは、放送局、新聞社、警察などに対する照会電話の殺到であり、不審を抱いた聴取者が肉親や知人にかけた電話による回線のパンクである。安倍北夫『パニックの心理』(一九七四)は、キャントリル報告のパニックを前提に次のような教訓を引き出している。

ドラマをきいて、なんらの情報検索もしなかったか、検索に失敗したものはパニックに陥った比率が高く、逆に他の情報の検索を行ない、成功したものでは、パニックに陥った比率は、はるかに少なかった。

もちろん、当時の「情報検索」はGoogleではなく、電話による確認だった。だとすれば、皮肉なことだが、安倍がパニック回避のために推奨する情報検索こそが「報道のパニック」を生み出したと言えなくもない。連邦通信委員会にはドラマに批判的な手紙が多く寄せられたが、この番組のため電話が不通となり業務に支障をきたしたとする警察関係者の手紙が多数含まれていた。他方でCBSには一四五〇通の手紙や電報が寄せられたが、その九割以上はウェルズの演出・演技に対する称賛だった。

『ニューヨーク・タイムズ』第一面のトップニュースになった以上、外国メディアも注目したはずである。イギリスの『タイムズ』はニューヨーク特派員の記事「放送パニック——アメリカにおけるウェルズの空想小説」(一〇月三一日付)、「アメリカ放送のリアリズム欠如——恐怖の教訓」(一一月一日付)を載せている。いずれも、大きな扱いの記事ではない。前者は「笑うべきか怒るべきか、今日のアメリカはなんともわからない」と書き起こされている。外国から攻撃される可能性の少ないアメリカ国民が宇宙からの侵略におびえる様子を冷笑するような筆致である。イギリス国民がドイツ第三帝国の脅威とリアルに向き合っていたためだろう。むしろ、このパニック報道を「絶え間ない戦争煽動の帰結――火星人、アメリカを脅かす」として大きく報じたのは、一一月一日付のナチ党機関紙『フェルキッシャー・ベオバハター』などドイツ紙である。その八日後、ドイツ各地では一一月九日夜から一〇日未明にかけ反ユダヤ主義暴動、「水晶の夜《クリスタルナハト》」が発生している。ユダヤ人青年によるパリのドイツ大使館員テロへの報復を口実として、シナゴーグやユダヤ人の住宅が襲撃、放火された。ナチ党主導の「半官製暴動」ともいうべき事件だが、国際的非難をかわすべく憤激した民衆のパニックが演出された。

その意味では、火星人来襲パニックは第三帝国にとっては利用できるニュース素材だった。ヒトラーは一一月八日にミュンヘンでの演説で「たとえ火星や月から降ってくる爆弾にもおびえてはならない」と述べ、半年後の一九三九年四月にも「頽廃した民主主義の神経症」の事例としてこの事件に言及している。他方で、ドラマ放送から四日後の一一月三日付アメリカ共産党機関紙『デイリー・ワーカー』も、「アメリカ人は自分の想像のなかで、宇宙人をヒトラーに置き換えて受けとった」と分析していた。あいまい情報を既知の解釈枠にはめ込んで理解することをウォルター・リップマンはステレオタイプ化と呼んだ。アメリカ国民にとって、ヨーロッパにおける戦争危機も火星人来襲もラジオの疑似環境が生み出した恐怖のステレオタイプに過ぎなかったということもできる。

一方、日中戦争下の日本では、『朝日新聞』『毎日新聞』『読売新聞』『時事新報』『国民新聞』など主要紙を閲覧したが、「火星人来襲パニック」の速報記事は確認できなかった。放送の三日前、一〇月二七日に武漢三鎮が陥落し、日本国内は万歳の渦で沸き返っていた。同三一日の新聞には、戦勝ムードの過熱を警戒して末次信正内相が「新東亜建設には辛抱が必要」との訓話を発表している。日本国民もまた別の意味で、戦争報道というメディア・イベントに踊らされていた。

もちろん、アメリカでこの騒動に接した日本人もいた。一五歳でアメリカに留学していた鶴見俊輔の証言がある。火星人が侵入したニュージャージー州と同じ東海岸のマサチューセッツ州コンコードにあるミドルセックス校に寄宿していた。『思い出袋』(二〇一〇)でその当時を回想している。ハロウィンに生徒たちがネタにして興じる程度の出来事だったようだ。当時の日本でも火星(Mars)がローマ神話の軍神マルスに由来する名称をもち、「戦争をもたらす星」であることは知られていた。この事件についてまとめた記事としては、『ニューヨーク・タイムズ』の記事を要約した「全米を騒がせしラヂオ・ドラマ」(『放送』日本放送協会、一九三九年一月号)と百百《どど》正雄「火星軍アメリカ襲来騒動」(『サンデー毎日』一九三八年一二月一八日号)がある。百百は東京日日新聞社ニューヨーク支局員である。見出しは「地上の楽園一瞬に恐怖の地獄と化す」、「流言を作って狂ひ廻《まわ》つた米国ラヂオ騒動の一幕」、その左に次のリードが続いている。

軍備拡充に狂奔《きょうほん》する現在の世界で〝ペンは剣よりも強し〟などと叫んでも、文人のたは言《ごと》らゐにしか受取られない今日このごろ、それも〝腕づくならどこからでも来い〟と威張りちらす米国民が、ラヂオの電波に乗つたペンの力で、全国的の大狼狽を演じたといふ皮肉な事件が最近勃発した。

百百は全米各地の混乱の様子を紹介し、「自業自得の疑心暗鬼」とアメリカ国民を強く批判している。ただし、自らこのラジオドラマを聴いたとも「驚愕の大坩堝《おおるつぼ》」を目撃したとも書いてはいない。現地新聞の記事から次のように政治的真相を読み取っているだけだ。

絶大の富を擁し、絶好の孤立地位に恵まれ、尋常にいけば地球上どこからも外敵襲来の惧《おそ》れもない米国が、なまじ根底の薄弱なイデオロギーに拘泥《こうでい》して遠隔の某々国を悪党呼ばはりして恨《うら》みを招いた天罰とでもいはうか

アメリカで悪党呼ばわりされた「遠隔の某々国」とはナチ第三帝国であり、この「天罰」の二年後、一九四〇年九月二七日に日本はアメリカ国民が思い描いた「火星人」と軍事同盟を結ぶことになる。

古典『火星からの侵入』の問題点

プーレー&ソコロウは当時の新聞報道を検証し、現実には大したパニック現象は確認できず、「だまされた」聴取者はごく少数だったと結論付けた。実際、そのパニック報道と新聞記者が目撃した状況とのギャップは大きかった。たとえば、第一面で「ラジオのインチキ〝戦争〟が全米を恐怖に陥れる」と報じた『ニューヨーク・デイリー・ニュース』は、マンハッタンの大混乱を詳細に伝えている。しかし、同紙のラジオ部長ベン・グロスは《宇宙戦争》放送直後にCBS本社前に乗り付けたとき、マンハッタンの通りは閑散としていた、と一九五四年の回想録で書いている。

こうしたパニック報道を新聞がハロウィン気分ででっち上げた理由は、新聞業界が広告料収入をラジオ放送に侵食され経済的ダメージを受けていたためである。新聞業界はドラマとニュースが混じり合うラジオ番組のメディア特性を批判し、それと比較して新聞の信頼性を訴えるキャンペーンに利用した。つまり、記事と小説が簡単に識別できる新聞と比べて、放送は理性的なニュースを報じるメディアではないというわけである。

キャントリル報告が利用したアメリカ世論研究所のデータそのものにも問題がある。この調査は放送日の六週間後に行われたため、すでに被験者の記憶はセンセーショナルな新聞報道で色づけられていた。日が経つにつれて、本当はラジオ放送を聴いていない人々も、新聞に掲載された記事内容を自らのものとして語るようになっていった。C・E・フーパー社が当夜実施した聴取率調査

（五〇〇〇人対象）では、《宇宙戦争》はわずか二％だけが聴いていたことになる。つまり、この数字を信じるなら、被調査者の九八％は「火星人来襲パニック」を事後的に知ったことになる。その後の新聞報道やウェルズの名声に触れる中で、多くの人が自らも直に体験したかのごとき集合的記憶を持つに至ったわけである。

また、キャントリルの感情カテゴリー分類にも問題があった。ラジオ劇に「驚いた」か「不安になった」と答えた聴取者が、必ずしもパニックになって外に飛び出したわけではない。誇張された聴取者数と同じように、パニックの様子も誇張された新聞報道のイメージがそのまま受け入れられていた。そうした影響力の誇張は、ラジオ調査研究のために必要な助成金をロックフェラー財団から引き出すためにも必要だった。火星人来襲パニックの神話化は、その記憶の風化とともに加速した。その後、キャントリルは国際的に著名な社会心理学者となり、マス・コミュニケーション研究の古典『火星からの侵入』が流言パニック神話にお墨付きを与えることになったのである。

メディア流言で得をしたのは誰か

もし火星人来襲パニックが現実に発生していたら、果たしてCBSの担当者やウェルズが懲戒されないということがあり得ただろうか。CBSは放送事業を監督する連邦通信委員会に対して、今後は架空の臨時ニュースを放送しないと非公式に伝えたが、それが規則として制度化されたわけではない。「アメリカ放送史上最も悪名高い事件」はアメリカの放送制度に何らの変化ももたらしていないのである。最後に、『オーソン・ウェルズ　その半生を語る』(一九九五)におけるウェルズ本人の語りに耳を傾けたい。反響をある程度まで予測していたウェルズも、「わがアメリカの狂気は、われわれの想像をはるかに超えて広がっていた」と一応は驚いてみせる。だが、罪があるかと問われると、こう開き直っている。

　賠償総額千二百万ドルの訴訟と、新聞の見出しにあったな。わたしは有罪を容認すべきだったかね?

その後、「精神的苦痛」の慰謝料を求めた訴訟はほとんどすべて却下されている。「ハロウィンのおふざけ」であることを番組内で説明していたウェルズは、こう結論づけている。

　ほとんどは新聞社の思い込みによるでっち上げだった。ちょうどラジオに広告を取られ始めていた時期で、新聞としては逆転のチャンスと、つい勇み足をしたんだな。

さらに、三年後の真珠湾攻撃の際、アメリカ国民が臨時ニュースを信用しなかったのはこの出来事のせいではないか、との質問にもサービス精神旺盛な回答をしている。

あの朝、わたしは国策番組に出演していて、そこに臨時ニュースが飛び込んだからだ。全国放送でアメリカがいかに美しい国であるかというウォルト・ホイットマンの抜粋を朗読していたところに、真珠湾攻撃の話だからね。またもや、わたしが何か仕掛けた、と受け取られてしまった。

いずれにせよ、ウェルズにとって「火星人来襲」騒動はスターダムへの踏み台だった。どこまで計算ずくだったかはわからないが、結果はこれが自らを売り込むプロモーションであったことを雄弁に物語っている。

映画入りのきっかけになった。それをラッキーというべきか？　何ともいえんな。だが「火星人襲来」で、番組にスポンサーがついた。とたんに売れっ子になって、（略）次なるステップはハリウッド……。

この「パニック」を糾弾する新聞報道により、演劇人ウェルズの名前は全米に知れわたり、それまでスポンサーが付かなかった《マーキュリー放送劇場》は、キャンベル・スープ社が名乗り出て《キャンベル劇場》となった。話題性に敏感なハリウッドでは、ウェルズが全権委任を条件にRKOで映画を制作した。このとき制作・監督・主演をすべてウェルズ一人がこなした第一回作品が、名作《市民ケーン》(一九四一)である。イエロー・ジャーナリズムの新聞王ウィリアム・ランドルフ・ハーストをモデルとした作品だが、そこに火星人来襲パニックでウェルズ批判を行った新聞業界に対する当てこすりを読み込んでもまちがいではないだろう。《市民ケーン》は興行的には失敗ながら、芸術的な声価を高めた点では《宇宙戦争》と表裏一体だった。《マーキュリー放送劇場》のプロデューサーであり、《市民ケーン》の脚本を共同執筆したジョン・ハウスマンは、日米開戦後は戦時情報局(OWI)の海外ラジオ部長に就任し、一九四二年に海外プロパガンダ放送局「アメリカの声」VOAの初代ディレクターをつとめている。

第二次大戦後も火星人来襲パニックそのものを題材とするTV映画(ジョセフ・サージェント監督《アメリカを震撼させた夜》一九七五)やビデオ教材(《マスメディアの力──米国を震撼させたオーソン・ウェルズ》英国オープン・ユニバーシティー、一九八九)など何種類も制作されている。こうした作品はハロウィンのテレビ番組編成の知的遺産となり、リメイク、再放送が繰り返されてきた。

この神話が根強い生命力を持つのは、商業放送や大衆社会への文化批判、ニューメディアへの不信感など、聴取者側にも需要があるからだろう。一方で、放送業界も広告スポンサーに対してその影響力をわかりやすく説得するエピソードとして、火星人来襲パニックを活用してきた。それはメディアの驚くべき威力を証明する最もわかりやすい神話だからである。CBSも新聞報道やキャントリル報告の誇張を知っていたが、それが自社に不利益になるとは考えなかった。いやむしろ利益になると確信して放置したのだろう。さらに言えば、放送事業を監督する連邦通信委員会にとっても、この神話は自らのレゾンデートル(存在価値)を示す象徴となった。もし悪ふざけのドラマでさえも聴取者のパニックを引き起こすだけの威力がラジオにあるのであれば、ラジオを独裁者の手に委ねかねない放送の国営化などは危険きわまりないものである。それが商業放送システムというアメリカの現状を肯定する根拠にもなったからである。いずれにせよ、メディア関係者がメディアの影響力を否定することはまれである。悪名高い物語であれ、影響を確認できる物語であれば、メディアは喜んでそれを真実だと語るだろう。広告ビジネスである以上、どんな悪影響であっても、影響がないよりもマシなのである。

その意味では、キャントリル報告だけで事実だと鵜呑みにしてきた私自身を含めてメディア研究者の責任が大きい。この古典こそがメディア・パニックの存在を正当化するほぼ唯一の学術的根拠となってきた。弾丸効果パラダイムの代表的著作として無批判に信用してきたことは、知的怠慢と言うべきだろう。ちなみに近年の教科書では、火星人来襲パニックと『火星からの侵入』は厳密に区別されている。火星人来襲パニックがこれまで「魔法の弾丸理論」の証拠として言及されてきたことを紹介した上で、キャントリル報告はむしろ限定効果論の先駆的研究として紹介される。『火星からの侵入』こそが「火星人来襲パニック」の弾丸効果論を否定したとする逆説的な評価である（バラン&デイビス、二〇〇七）。

実際、キャントリルは弾丸効果論を前提に『火星からの侵入』のアンケート調査をデザインしたわけではなかった。というのも、ドラマの受け手を次の四カテゴリーに分類しているからである。①番組中に手がかりを見つけ出し、事実でないとわかった人々（二三％）、②情報確認によりドラマであるとわかった人々（一八％）、③うまくチェックできず、ニュースだと信じつづけた人々（二七％）、④放送だから本当だと信じて調べようとしなかった人々（三二％）。つまり、③と④の五九％の行動が問題なのであり、「すべての聴取者の画一的な反応」すなわち弾丸効果は初めから想定外だったのである。どのようなタイプの人間がどのような条件でパニックになるか、つまり限定効果にキャントリルの関心があったことは確かだろう。『火星からの侵入』で実証されたのは、メディアはすべての人に直接的に影響を及ぼすのではなく、「メディアの影響を特に受けやすい心理学的特性」、たとえば「情緒不安定、恐怖症的パーソナリティー、自信の欠如」などを抱えた人々にのみ影響を与えるという限定効果論なのである。加えて、教育水準の高い人ほど情報の批判的受容が可能であることもキャントリルは示している。

だが、「火星人の来襲パニック」をペテンとして立項するカール・シファァキス『詐欺とペテンの大百科』(一九九六)には、キャントリルの良識的な結論とは正反対の知見が記載されている。シファキスは最もだまされなかった聴取者は高学歴者ではなく子どもたちであったという。ラジオ・ドラマを聴き慣れた彼らにとって、「ピアソン教授」の声がオーソン・ウェルズであることは白明であり、だまされるはずはなかった。ハロウィンの子どもだましであれば、「無心であることこそが知性の最も基本的な要素だった」というわけだ。

新しいメディア史研究の成果を紹介してきたが、「パニックの発生」をひとまずカッコで括って読むならば、『火星からの侵入』の古典としての評価は変わらないだろう。この著作にはソーシャルメディア時代のイマジネーションにも作用する不朽の人間的洞察があるからだ。「経済的に不安定で驚いた者」として二四歳のレビス氏のインタビューが引かれている。

この番組を本当のものとしてかれが受けいれたことの一部は、解放感によるものである。かれは自分の能力に疑問を持っていたが、ある課題を自分に課して、それを真面目に実行しようとしていた。しかし、この願望はかれには重荷であった。「生きてることが時々むなしくなる」とかれはいう。この「一時的な破局」は、自分自身や他の人びとに対して現にかれが負っている責任から、自分を解放してくれるものなのである。

破局を「解放感」として受け入れる青年が、第二次世界大戦前のアメリカにもいたのである。いま風に言えば、「希望は、戦争。」(赤木智弘、『論座』二〇〇七年一月号)ということだろうか。なお、デイヴィッド・グッドマン『ラジオが夢見た市民社会』はパニックを「知的なリスナー」と「一般的なアメリカ人」の文化的断絶を戯画化した事件として分析している。ニューメディアの威力というよりも、こうしたアメリカ社会の文化的分断こそが「火星人来襲パニック」を都市伝説として定着させたのである。

あえて付言すれば、トランプ大統領の当選理由もそうした文化的分断から説明すべきであり、SNSのフェイクニュースに問題を矮小化すべきではないのである。ちなみに、二〇一七年一二月一一日にトランプ大統領は火星への有人探査に向けて月面基地を建設する大統領令に署名している(二〇一七年一二月一二日付『毎日新聞』)。その二週間前、一一月二九日に北朝鮮はアメリカ東海岸までの射程をもつ大陸間弾道ミサイル「火星一五号」を発射し日本の排他的経済水域内に落下させた。このとき日本政府は全国瞬時警報システム(Jアラート)を使用せず、国内で大きな混乱もなかったが、今日も私たちは「火星」の影から無関係ではいられないようだ。

第2章
活字的理性の限界
――関東大震災と災害デモクラシー――

麻布方面で撮られた「鮮人暴動デマに脅える自警団」(日本近代史研究会). 彼らはパニック状態だっただろうか?(大日方純夫『警察の社会史』岩波新書, 1993年より)

プレ・ラジオ時代の「宇宙戦争」

メディア流言から現代日本史を概観する本書だが、「火星人来襲」は関東大震災で発生した流言蜚語、「朝鮮人来襲」デマを再検討するためにも必要な前提となる。流言の日本通史を試みた先行研究として、坂田稔「日本近代史に見るくちコミの諸類型」(一九七六)は、浄化型(ええじゃないか)、了解型(文明開化時の流言)、願望型(西郷隆盛生存説)、話題型(味の素の原料はヘビである)、攻撃型(米騒動)、好奇型(天皇、皇室関係の流言)、恐怖型(関東大震災下の流言)、不満型(太平洋戦時下の流言)、不安型(物不足パニック)を時系列順に論じている。松山《まつやま》巖《いわお》『うわさの遠近法』(一九九三)も、明治以降、折々に現れた、風聞、ウソ、風説、巷談、流言などうわさの類を素材にした「近代日本の透視図」を提示している。

そうした「くちコミ」中心の近代史と異なり、ラジオ放送を画期とする「マスコミ」登場以後の現代メディア史を本書は扱う。そのため明治初期の血税一揆や「西郷星」などは対象としない。ただし、「火星」つながりとして、一八七七年の「西郷星」のうわさには触れておきたい。西郷隆盛が西南戦争で自刃したのは同年九月二四日だが、ちょうど火星が大接近していた。急に現れた異様に明るい星の赤い光の中に陸軍大将の正装で西郷が現れたといううわさが広まった。多くの錦絵新聞が騒動の様子を伝えている。このときイタリアの天文学者ジョバンニ・スキアパレッリが火星を観測して、表面に「運河」のような溝を確認したことで、火星人の実在説は生まれた。

松山巖は「西郷星」以後にうわさされた「コレラは西郷どんのタタリ」「ロシアに逃れてやがて皇太子とともに帰国する」などを紹介し、それを日本社会におけるうわさ構造の画期とみなしている。それまで「生まれ、育った小さな共同体の存在に眼を向けさせた」うわさが、いまや「国家が打ち出したナショナリズムという巨大なうわさのなかに吸収されていった」からである。

メディア流言としては第一次世界大戦中の一九一八年「米騒動」あたりが視野に入りそうだ。確かに、シベリア出兵による米価高騰を予想して商人が米の買い占めを行っているという風説を民衆暴動の原因とみなせなくはないが、米価高騰そのものは流言というより事実である。それでも、米騒動にはマス(大衆)デモクラシーの予兆は読み取れる。第一次世界大戦の好景気により、それまで同じような生活を営んでいた商人が一気に資産家にのしあがった。「成り金」に対する民衆の嫉妬や憎悪が心理的背景であったため、米騒動は「成り金の町」神戸において最も激しかった。群衆が他者への攻撃を社会正義として正当化する上で、米価高騰の原因を流通業者の買占め、売惜しみとして批判した新聞報道の役割は大きかった。人々の不満を民主主義の理念に媒介する機能を新聞が果たしたことはまちがいない。

米騒動に関連したメディア流言としては、やはり一九一八年八月二六日付『大阪朝日新聞』が新聞紙法違反に問われた「白虹《はっこう》日を貫けり」（兵乱の前兆を意味する故事）の記事だろう。この「白虹事件」は朝日新聞社の株式会社化、つまり商業主義化を促したメディア史上の画期的な事件だが、朝日新聞が名実ともにネイションワイドのマスメディアとなるのは関東大震災以後である。

自警団はパニックだったか

大正デモクラシーの発露とも評される米騒動の群衆は、その五年後の関東大震災で朝鮮人虐殺を行った自警団とそのデモクラティックな心性において断絶していただろうか。当時、デモクラシーには「民主主義」以外にも多くの訳語が当てられていた。徳富蘇峰《とくとみそほう》の「平民主義」、小野塚喜平次《きへいじ》の「衆民主義」につづき、大正期には吉野作造の「民本主義」、美濃部達吉の「民政主義」が現れるが、尾崎行雄の「輿論《よろん》主義」は米騒動と同じ一九一八年に登場した。同年一月二二日の衆議院で尾崎はこう演説している。

今や世界には画然たる二大潮流がある、一は輿論民意を主として政治をして行かうと云ふ潮流である。欧羅巴の政治家は之を民主主義と云ふて居る、吾々は輿論主義若くは公論主義と云ふのである、それに反する者は武断武力を恃《たの》みにして、武断専制で行かうと云ふ主義である第一次大戦で日本は連合国側の民主主義陣営であるにもかかわらず、寺内正毅《まさたけ》内閣は内外に武断主義で臨んでおり、この矛盾の解消こそが急務だ、と尾崎は批判している。もちろん、この輿論（公的意見 public opinion）を尊重する政治は、世論《せろん》（大衆感情 popular sentiments）に惑わされない政治でもある。尾崎は一八九〇年の第一回衆議院選挙から連続当選して「憲政の神様」とも言われたが、五箇条の御誓文の第一条「広ク会議ヲ興シ万機公論ニ決スベシ」で示された公論（公議輿論）にデモクラシーの精神を読み取っていた。この輿論主義という言葉が忘れ去られてしまった契機が、関東大震災なのである。

自らも震災時に自警団に加わった芥川龍之介は、朝鮮人を虐殺した「善良なる市民」たちを「大震雑記」（一九二三）で次のように描いている。

> 再び僕の所見によれば、善良なる市民と云ふものはボルシエヴイツキと〇〇〇〇（不逞鮮人）との陰謀の存在を信ずるものである。もし万一信じられぬ場合は、少くとも信じてゐるらしい顔つきを装はねばならぬものである。

外敵を想定する陰謀論には、大衆社会で集団的凝集性を高める機能がある。陰謀論に耳を傾けることは、集団への参加意志の表明にほかならない。そして、参加した集団でその空気を無視して自由に意見を述べることができる人はきわめて少ない。芥川の「善良なる市民」に関する所見を読んでまず脳裏に浮かぶのは、エリザベート・ノエル＝ノイマン『沈黙の螺旋理論——世論形成過程の社会心理学』（一九八八）の「世論」定義である。

　世論とは、論争的な争点に関して自分自身が孤立することなく公然と表明できる意見である。（略）世論という意見や行動は、孤立したくなければ口に出して表明したり、行動として採用したりしなければならない（強調は原文）

この「世論」定義を踏まえて、芥川が震災から半年後に書いた「侏儒《しゅじゅ》の言葉」の「輿論」批判を見てみよう。

　輿論は常に私刑であり、私刑は又常に娯楽である。たとひピストルを用ふる代りに新聞の記事を用ひたとしても。又、輿論の存在に価する理由は唯輿論を蹂躙《じゅうりん》する興味を与へることばかりである。

こうした「輿論の世論化」の担い手こそ、「善良なる市民」にほかならない。明治期に世論は輿論と区別して使われていたが、一九二〇年代の「大衆の国民化」とともに公的な意見(輿論)と世間の空気(世論)の区別はあいまいになっていった。戦後、当用漢字表で「輿」が制限漢字になると、新聞は世論を輿論の代用として使用したため世論と書いて「よろん」と読む習慣が生まれた。もちろん、「世論主義」ではポピュリズム(大衆迎合主義)の意味にしかならない。

新たな世論主義を具現化したものが市民による自警団である。それが引き起こした「朝鮮人虐殺事件」を、東京帝国大学教授・吉野作造は一九二四年の報告書「朝鮮人虐殺事件」でこう総括している。

> 震災地の市民は、震災のために極度の不安に襲はれつゝある矢先きに、戦慄すべき流言蜚語に脅かされた。之がために市民は全く度を失ひ、各自武装的自警団を組織して、諸処に呪ふべき不祥事を続出するに至つた。此の流言蜚語が何等根拠を有しないことは勿論であるが、それが当時、如何にも真しやかに然《し》かも迅速に伝へられ、一時的にも其れが全市民の確信となつたことは、実に驚くべき奇怪事と云はねばならぬ。

吉野の文章で違和感を覚えるのは、「市民は全く度を失ひ、各自武装的自警団を組織して」の一文である。「全く度を失」った、すなわちパニックとなった人々が、自主的に自警団を組織できるものだろうか。アメリカの「火星人来襲パニック」でも戦争勃発に対する不安が前提とされたが、大震災の「朝鮮人虐殺」も朝鮮独立活動家のテロを恐れる不安が世間に存在したことは早くから指摘されてきた（山本文雄、一九六七）。一九一〇年の韓国併合より朝鮮半島では抗日武装闘争が続いており、震災当時の内務大臣・水野錬太郎と警視総監・赤池濃《あかいけあつし》は一九一九年の三・一独立運動の事後処理を担当した朝鮮総督府政務総監と同警務局長だった。水野自身も同年九月二日京城南大門駅で姜宇奎による爆弾狙撃を受けていた。それゆえ、水野内相がすみやかに戒厳令を布くべく、警察組織を通じて流言を意図的に伝播させたとの謀略説も語られてきた。また、「外敵」の存在は秩序維持の担当者にとって都合がよく、存在しなくても創り出されることは多い。当時、外敵としてリアリティがあったのは国内に流入した朝鮮人である。

排除すべき外敵のイメージを前提とすれば、火事の発生はすべて朝鮮人の放火と見え、火事場泥棒があれば犯人は朝鮮人と推定されるだろう。この認知枠《スキーマ》においては、朝鮮人の「保護」に動いた警察や軍隊の様子さえも、彼らを逮捕、連行しているシーンと誤認されたはずだ。実際、「鮮人の爆弾　実は林檎——呆れた流言蜚語　湯浅警視総監語る」（九月八日付『東京日日新聞』）のような誤認逮捕を報じた記事さえあった。状況の定義が状況そのものを確定することを、社会学では「トマスの公理」と呼ぶ。「朝鮮人来襲」という状況定義が、人々に自警団を組織させ防衛に走らせた。防衛に動けば、来襲はますますリアルな状況になる。そして、予防戦争は防衛のための先制攻撃を正当化する。「この際、やっつけろ」という自警団の叫びに集約される先制攻撃に必要な口実として流言蜚語が利用されたと見ることもできる。その場合、流言蜚語の責任は誰に帰すべきだろうか。

東京帝国大学教授・寺田寅彦は『東京日日新聞』の関東大震災一周年記念号に寄せた「流言蜚語」で次のように書いている。寺田は大震災調査を実施し、その翌年に新設された東京帝国大学地震研究所の所員も兼務していた。弟子の中谷宇吉郎は寺田の防災論を「天災は忘れた頃に来る」という警句に集約したが、「流言の責任の九割以上は市民にある」も加えるべきだろう。

もし、ある機会に、東京市中に、ある流言蜚語の現象が行われたとすれば、その責任の少なくも半分は市民自身が負わなければならない。事によるとその九割以上も負わなければならないかもしれない。（略）もし市民自身が伝播の媒質とならなければ流言は決して有効に成立し得ないのだから。

中山啓『火星』の予言

「朝鮮人来襲」流言を調べていて出会った奇妙な詩集、中山啓『火星』（一九二四）がある。ラジオ時代を代表するパニック神話「火星人来襲」は、関東大震災の一年後、つまり日本でラジオ放送が開始される一年前、日本のＳＦ詩人によって予告されていた。ペンネームの中山啓より、本名の中山忠直のほうが日本主義者として有名である。戦前は『日本人の偉さの研究』、『我が日本学』などに加えて、漢方医療復興を唱えた数多くの著作を残している。火星人来襲は長詩「未来への遺言――この遺言を三百年後の人類に残す――」で言及されている。

火星の人間が怪奇な飛行機にのつて　この地球を侵略しにやつて来る――
空中戦争が始つて地球がたが敗北する　世界の聯合軍が散散な目にあつて
人類はみな鉱山の中へ逃げ込まねばならぬ　火星の人間は空中から不思議な植物の種子を播き
地球の人類がとても想像がつかぬ　物凄い残虐な手段で我等を掃蕩する
――こんな気味の悪い空想小説を　僕たちはこれまで沢山よまされた（略）
マルコニー無線電信局に感応するといふ　あの火星からの通信らしいものは
きつと何か地球磁力の間違ひであらう　火星には地球の人類ほどな智慧のある動物は
どうやら有りさうにもない――それで　火星からの侵入はまあ無いと思はれる
然《しか》しそれとは反対にこの地球の人類が　却つて他の星の征服にのぼりさうな前兆が
僕等の感じ易い予覚の下に現はれて来た

関東大震災の約一年後、一九二四年八月二三日午前九時に火星の大接近が確認されている。翌二四日付『東京日日新聞』夕刊は東京市街で「火星をさがす人々」の写真を掲載し、「火星から無線電信――カナダで受けた」(図2−1)とのカナダ、イギリス、アメリカからの外電を速報している。「ウエルス氏の宇宙戦争と題する小説を読んでフランスのムーデユードワールが想像して書いた火

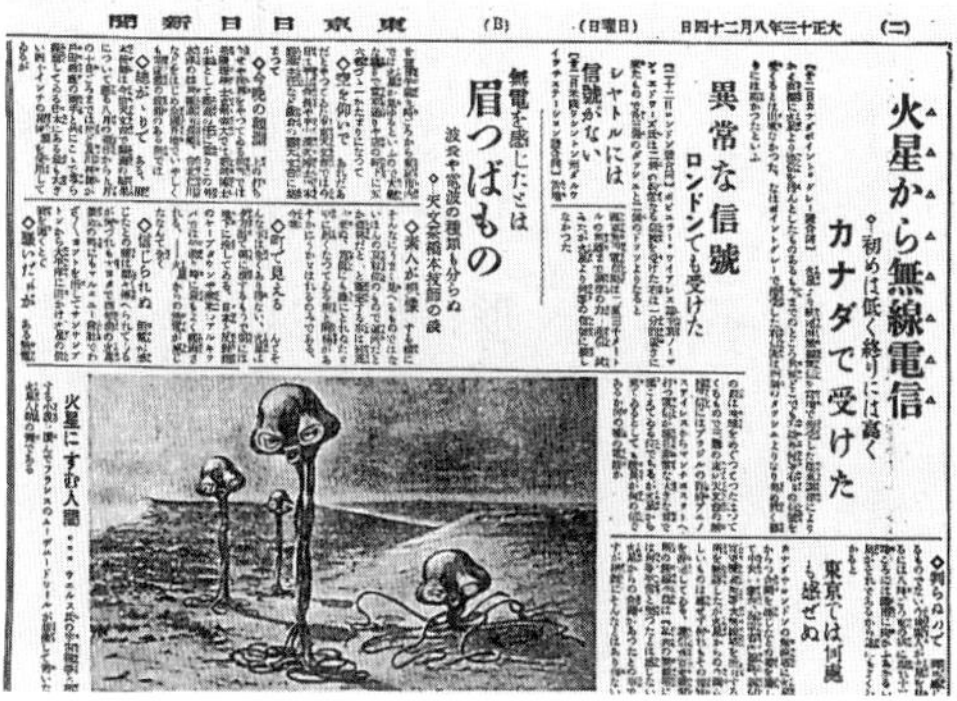
(二) 大正十三年八月二十四日 (日曜日) (B) 東京日日新聞

火星から無線電信 カナダで受けた
◇初めは低く終りには高く

異常な信號 ロンドンでも受けた

レヤトルには信號がない

無電を感じたとは眉つばもの
波長や電波の種類も分らぬ ◇天文家橋本技師の談

火星にすむ人間

図2-1 「火星から無線電信――カナダで受けた」1924年8月24日付『東京日日新聞』夕刊. 左下はH・G・ウェルズ『宇宙戦争』の挿絵としてフランスの画家が描いた「火星にすむ人間」

星人間の図」も掲載されていた。中山が詩作した当時、「火星からの通信らしいもの」が広く話題になっていたことは、『家庭と無線』一九二四年一〇月号でも確認できる。同誌主幹・岡田定幸が「火星は果たして応答するや」と題した論説を書いている。岡田はアメリカで数年来「火星から無線通信があつた」とのニュースが繰り返されていることを指摘した上で、無線通信の科学的探究の必要性を訴えている。いわく、「火星人はモールス符号を知つて居るだらうか」「火星と地球とのラヂオ通信が成功した暁其結果如何」「火星が地球に無線で応答する日は、地球が滅亡する時との説は真か?」。こうした火星人――ラジオ放送の連想は、アメリカの「火星人来襲パニック」の一四年前から語

られていた。
中山は「火星人来襲」を「気味の悪い空想小説」と否定しているのだが、その一方で地球の人類による「他の星の征服」を予想している。その「征服」と一四年前、一九一〇年の韓国併合のイメージが重ねられているか否かはともかく、中山が大震災での「朝鮮人来襲」をリアルに感じていたことは、『火星』所収の二作品、「日本刀」と「妖鬼」で確認できる。前者で、中山は震災時に自ら伝家の宝刀を腰に差した様子をこう書いている。その太刀は会津戦争を戦った「勤王の謀将」たる祖父が差した形見とある。

あの炎炎たる焔を仰ぎながら　×人の放火を警戒するため
この刀をぶち込んで　夜の街を歩いたではないか
すつかり武士になつたり　パリー・コンミユンを　想像して見たりしてゐたな
白昼公然と太刀を腰にして　歩き得たあの爽快さよ
いま腕をなでて憮然たるものがある　すつかり自分の天下が　来たやうではなかつたか

自警団に加わった中山の明朗さは、「妖鬼」における革命家の密議シーンの陰惨さと対照的だ。

「いやさ東京を　全部焼き払らはなかつたのが　残念でござる」
「しかし×人騒ぎで　同志打をやらせたのが　せめての喜劇……」

当時、中山自身が革命家だったことは、罹災詩人救済のために刊行された詩話会編『震災詩集　災禍の上に』に寄せた「新鮮な首都」でわかる。伏字の××は『火星』収載の改訂版では「革命」と埋め戻されている。

俺達は日本を愛し日本の未来のために　改造に燃えてゐたが
天なるかな地震に次ぐ大火災は　改造の機をまこと早めた
日本は此儘《このまま》で行けば悲惨な破壊××の外に　方法がなかつた
それで俺は秘かに破壊後の時局収拾の　術策を考へてゐたのだ
然し幸にも災害は上よりの改造を促して　××を転換してくれた

日本「改造」への意欲を新にした中山は、震災を契機に「憲法を停止してクデターによつて大化の改新を再現し得る」と期待している。重要なことは、中山のような国家改造論者の脳裏に「朝鮮人来襲」と「災害ユートピア」が並存していたことである。

災害ユートピアと朝鮮人虐殺

中山は詩集『火星』につづいて、同じ新潮社からピョートル・クロポトキン『田園・工場・仕事場』(一九二五)を翻訳、刊行している。いうまでもなく、クロポトキンは大杉栄訳『相互扶助論――進化の一要素』(一九一七)で有名な無政府主義者である。大杉はこの震災の戒厳令下、「甘粕事件」で憲兵隊により殺害されている。

このクロポトキンの相互扶助論こそ、「なぜ大災害後に特別な共同体が立ち上がるのか」を問うレベッカ・ソルニット『災害ユートピア』(二〇一〇)の理論的基礎である。二〇〇六年、ハリケーン・カトリーナが直撃したニューオリンズは「無法地帯と化し、集団レイプや大量殺人が横行しているとの噂が広まったが、のちにそれは事実ではなかったと判明した」。そのうわさを信じた救援隊員たちは、被災者を自分たちの敵だとみなして警戒した。ソルニットはうわさを流れるにまかせた当局とメディアを厳しく批判している。大災害に遭遇したとき、人々は利他的に助け合い、見知らぬ他者にもほどこしを与える。パニックや暴動が発生するというマスコミや娯楽映画で一般的なイメージがどれほど誤っているかをソルニットは数々の事例から検証している。そして、相互扶助という「人間の本質」を抑圧しているのが、平時における権力者とメディアだと主張する。この文脈でソルニットも「国家や強制力のある機関を社会病理の源であると見なし、統制されていない人間性の本質的な善を信じた」とクロポトキンを評している。
ソルニットがクロポトキンを論じる直前、災害後に起ち上がる共同体における負の要素、スケープゴート探しの「最も非道きわまりない例」として関東大震災の朝鮮人虐殺が言及されている。

井戸は急進派や朝鮮人が毒を入れたのだという噂は、むごたらしい大量殺人に発展した。約六千人もの朝鮮人もしくは朝鮮人に間違えられた人々が、何人かの社会主義者とともに自警団員により殺された。こういった人々が軍や警察に守られた例もあったが、結託した当局が殺人を指揮したり、社会の中で嫌われているグループを壊滅させるのに都合のいい噂を煽ったケースもあった。（略）関東大震災後の残忍な出来事は現状の破壊が目的ではなく、むしろ権威機関の結託による、もしくは直接彼らの手による、現状を維持しようとする行為だった。

この事件の国際標準の理解を示すものだろう。民衆の性善説に立つ災害ユートピア論では、朝鮮人虐殺の責任は現状維持のために「噂を煽った」治安当局やメディアに求められる。だが、実際の新聞紙面では、虐殺事件よりもはるかに多くの「震災体験を〝われわれ〟の体験へとつくりかえていく装置としての〝哀話〟〝美談〟」が掲載されていた（成田龍一、二〇〇三）。3・11の東日本大震災でも見られたような、被災者が助け合う人情美が横溢《おういつ》した共同体はそこでも確かに現出していた。

それを伝える紙面には、朝鮮人が行った「美談」、あるいは朝鮮人を救った「美談」さえも多数含まれている。それゆえになおさら、災害ユートピア的思考において一般市民による朝鮮人虐殺は不都合な事実となる。

朝鮮人虐殺事件を「甘粕事件」と同様に警察や憲兵を利用した国家権力の犯罪と見なし、自警団に参加した市民をプロパガンダに操られた「被害者」として扱った歴史家もいた。だまされた「被害者」に問われる罪は、付和雷同、つまり主体性や自主性の欠如である。こうした歴史叙述の典型として、遠山茂樹・今井清一・藤原彰『昭和史〈新版〉』(一九五九)がある。

政府は戒厳令をしいたが、このもとで、三千人にのぼる朝鮮人が一般市民の組織する自警団などの手で虐殺された。これは警察から出たと見られる「不逞鮮人」襲撃のデマにのせられて、不安におびえた市民が、理性を失って、排外主義的な感情にかられたからであった。

理性を喪失した市民という見方は当時の新聞にもあったが、『昭和史』の記述ほど単純ではない。例えば、「鮮人殺害事件――理智喪失の病」(一九二三年一〇月二二日付『大阪毎日新聞』)である。

それは国民の一部に、動機さへ純であれば理智の力を働かさずともよいとする簡粗単純なる

思想を持つて居るものが少なからずある生きた証拠である

同じような解釈は、徹底した皇室中心主義者として知られた野依秀一(のち秀市)が「自警団青年団亡国論」(一九二三)で示している。普選運動家でもある野依は、内務省が主導してきた「官製青年団」は青年の自主性を認めず、むしろ青年を現実政治から隔離する組織だと批判する。その帰結が震災後の「醜態」だという。

ヤレ鮮人が来た。ヤレ社会主義者が来たと言つて騒ぎ出し、理由なしに、男女の別なく人間を取調べて見たりするのである。人間を理解せずに、新思想を理解せずに、兵隊や巡査の出来ソコないのような事をやつて、殺人をやる事になつたのである。

しかし、事実関係を冷静に分析するためには、無知な大衆を国家権力が操作し「狂わせた」という先入観は一たび取り払い、大衆が主体的に朝鮮人を虐殺した、と考えてみることも必要だろう。尾原宏之『大正大震災——忘却された断層』(二〇一二)は、朝鮮人を保護しようとした巡査にも向けられた自警団の攻撃性を、「自治精神の芽生え」として論じている。

地方参政権すら持っていない下層民が、完全に誤認とはいえ「敵」と戦い、日頃自分たちを抑圧しておきながらこの期に及んで「敵」を保護する警察権力を粉砕したのは、いかに愚かな行為であれ政治参加の一種だった。虐殺事件は、その意味で「自治精神の芽生え」の持つ巨大な熱量の仕業でもある。だから、人情や相互扶助と完全に無関係なものではない。

男子普通選挙を認める選挙法改正は大震災のさらに二年後、一九二五年である。参政権のない労働者や青年たちが共同体への過剰な参加意欲から自警活動にのめり込んだ可能性は十分にある。藤野裕子『都市と暴動の民衆史』(二〇一五)も、朝鮮人を虐殺した民衆が米騒動の主体と階層を同じくしている点を軽視してきた従来の民衆運動史を批判し、「権力に対抗する民衆と朝鮮人を虐殺する民衆とを歴史叙述のうえで分裂させていては、リアリティのある歴史像・民衆像を描くことはできない」と指摘している。こうした大衆社会の表裏両面を見つめる複眼的思考を回避している点では、「虐殺事件」の存在を否定する工藤美代子『関東大震災——「朝鮮人虐殺」の真実』(二〇〇九)も、また一つの災害ユートピア論である。

何の罪もない者を殺害したとされる「朝鮮人虐殺」は、果たして本当にあったのか。日本人は途方もない謀略宣伝の渦に呑まれ、そう信じ込まされてきたのではあるまいか。

朝鮮人独立運動家による「虐殺」の謀略宣伝性を強調する工藤と、日本政府の情報操作を強調するソルニットや『昭和史』筆者たちとは一見すると真逆だが、両者とも「人間の本質」への楽観、民衆の性善説では一致している。人間がそんな非道なことをするはずがない、という確信があるのだろう。工藤は、実際に計画され遂行された朝鮮人のテロ活動に対する自警団の行動は「正当防衛」だった、と主張する。しかし、政府機関が流言を計画的に流布したと推定する『昭和史』の見立てと比較すれば、謀略の主体を「日本政府」から「朝鮮人」に置き換えただけに過ぎない。いずれの場合も、善良な民衆が前提とされている。

民衆の性善説に立たない当時の言説として、野依秀一「何故！不逞鮮人に同情するか」（一九二四）も挙げておこう。たとえ当局発表のとおりに「不逞」行為があったとしても「言論の自由を奪われた」朝鮮人が復讐するのは人間として当然のことだ、と野依は主張している。

同じ内地人ですら、内地の同胞に対して右のやうな暴行を働いたものがある。況《いわ》んや自分の国が併合されたのだから、朝鮮人が恨《うらみ》を呑んで居り、何かの機会に其《その》恨を晴してやらうと思ふのは、人間として当然あり得《う》べき事である。此の意味に於いて日本人は朝鮮人の地位になつて、今度の問題を考ふべきであると思ふ。（略）日本政府及び国民の対鮮態度が改まらぬ限り、不安はなくならない事を知らなければならぬ。

鈴木庫三日記の「朝鮮人来襲」

本章で扱う震災流言データは先行研究で紹介されたものだが、せっかくの機会なので歴史家として新史料も紹介しておきたい。それは「鈴木庫三日記」の震災記述である。鈴木庫三《くらぞう》は日中戦争期に内閣情報部(のち情報局)情報官として言論統制で辣腕をふるった「悪名高い」陸軍将校である(佐藤卓己、二〇〇四)。当時、鈴木少尉は陸軍砲工学校聴講生で夜は日本大学法文学部予科に通っていた。鈴木は自宅で勉強中に震災に見舞われたが、翌九月二日の日記には、はやくも社会主義者と朝鮮人などの放火に関する流言情報が記録されている。

社会主義者ト不逞鮮人ト相共謀シテ放火スルアリトテ市民愈々恐怖シ横浜全滅ニツキ刑務所ノ囚人約一千名ヲ解放セシカハ之等鮮人《(ママ)》囚人ノ殺人略奪強姦ヲ専ニシ東京方面ニ迫ルノ報アリ

九月一日の火災で東京の新聞社は数日間の発行不能に陥っていた。二日の段階での情報は、伝聞によると考えるべきだろう。「朝鮮人来襲」を伝える記事は三日以降、新聞に掲載されている。鈴木少尉が記事を読んだとすれば、「鮮人来襲騒ぎ」(九月三日付『報知新聞号外』)や「不逞鮮人各所に放火し、帝都に戒厳令を布く」（同日付『東京日日新聞』、印刷は浦和）であろう。翌四日、鈴木少尉も原隊の輜重兵第一大隊に召集され警備についている。同日の日記には市民の興奮状態が収まっていないことが記録されている。

猛火ハ漸ク止ミシモ社会主義者不逞鮮人ノ暴動ノタメ市民ノ恐怖一方ナラス当町内等ニモ放火ノ目的ヲ以テ石油ヲ散布スルアリ、市民昂奮シ鮮人ヲ捕フルアリ之ヲ殴打スルアリ之ヲ殺スアリ全ク戦時気分トナル。十時頃原大隊ノ召集ヲ受ケ武装ヲ整エテ出馬シ正午迄ニ大隊ニ到ル。途中何レモ軍隊ヲ配置セラレアルモ市民ハ皆或ハ狂器ヲ携ヘ或ハ棒ヲ以テ警戒ス

こうした「戦時気分」の拡大を鈴木少尉は、五日の日記で次のように分析している。「鮮人」という表記を含め、当時の「地方」（軍隊用語で一般社会を指す）に見られた朝鮮人への差別表現は鈴木日記にも見られる。しかし、鈴木少尉が「地方民」、すなわち一般市民から寄せられる事件報告を「針小棒大」な流言と考えていたことがわかる。

午後東京市並其附近ノ秩序漸ク平穏ニ近キツヽアルヲ知ル。然シ乍《ナガラ》地方民ハ事件ヲ針小棒大ニシテ軍隊ノ駐屯ヲ請願シ恐怖ヨリ免レントス

新聞機能の停止と無線通信の傍受

メディア流言としての「朝鮮人来襲」においても、ここで注目したいのは情報内容ではなく、その伝達プロセスと影響力である。九月一日の火災で東京日日新聞社、報知新聞社、都新聞社をのぞく東京の主要新聞社はすべて社屋が焼失した。残存の三社も手刷りや謄写版などで号外を出すほか、しばらく都内での発行はできなかった。一枚二頁の『報知新聞』が出るのが五日、『東京日日新聞』は六日である。そうしたビラ新聞も混乱した市内での配達は困難であり、多くの人がそれを手にできたわけではない。その意味では、流言は主にくちコミで伝達されたと考えるべきだろう。

警視庁の記録では、九月一日午後四時には王子警察署から「鮮人放火」、翌二日にも四谷署から「不逞鮮人ら爆弾をもつて放火」の流言が報告されている。緊急勅令で戒厳令が布告されたのは、同二日午後六時である。二日午後に東京市内で広まった「横浜方面から東京に朝鮮人来襲」との情報が、自警団の武装化を促したとされている。横浜で被災した朝鮮人が東京に向かう途中で救済を訴えたが言語が通じず、窮余の果てに軽微な窃盗などを行ったことが誤伝され針小棒大に喧伝されたと警視庁は分析している（東京都警視庁警備部、一九六二）。政府は二日、各新聞社に対して以下の警告を発していた。（美土路昌一、一九三〇）

朝鮮人ノ妄動ニ関スル風説ハ虚伝ニ亙《わた》ル事極メテ多ク、非常ノ災害ニ依リ人心昂奮ノ際、如斯《かくのごとく》虚説ノ伝播ハ徒《いたず》ラニ社会不安ヲ増大スルモノナルヲ以テ、朝鮮人ニ関スル記事ハ特ニ慎重ニ御配慮ノ上一切掲載セサル様御配慮相煩度《あいわずらわしたく》、今後如上《じょじょう》ノ記事アルニ於テハ発売頒布《はんぷ》ヲ禁止セラルル趣《おもむき》ニ候条《そうろうじょう》御注意相成度《あいなりたし》

「一切掲載せざるよう」との要請もむなしく、「朝鮮人来襲」の新聞記事は翌三日以降、各地の新聞で数多く掲載されている。たとえば、「鮮人大暴動　食料不足を口実に盛んに掠奪《りゃくだつ》」（九月三日付『河北新報』）、「歩兵と不逞鮮人と　戦斗を交《まじ》ゆ」（同四日付『福島民友新聞』）などである。十分な調査能力や独自の通信手段を持たない地方新聞で流言蜚語の伝言ゲームが行われたとしても不思議ではない。こうした流言報道が止まるのは、九月七日以降である。政府と新聞社との情報連絡も十分ではなかったことがわかる。

当時、最速の報道体制を誇っていた『大阪朝日新聞』の事例で確認しておきたい。その「朝鮮人来襲」報道はかなり抑制的だった。たとえば、九月三日付「何の窮民か　兇器を携へて暴行　横浜八王子物騒との情報」の記事でも暴徒は「不逞漢」と表記され、朝鮮人と名指されていない。この「横浜八王子物騒」記事も「二日午後七時金沢某所着電」とあるように、無線傍受による情報だった。同日付「天声人語」は「あらゆる通信交通機関が杜絶して辛くも無線電信に依る通信だけ」で

情報を収集することの困難さを語っている。翌四日付『大阪朝日新聞』第二面の報道が注目に値する。管見の限り、『大阪朝日新聞』で「不逞鮮人」と名指した唯一の流言記事である。上段には「帝都は見渡す限り焦土」の大見出しで「本社船越特派員が決死的に目撃した東都の惨状」が報じられている。東京―大阪間の直通電信線は切断されており、ようやく三日午後一時に松本・高崎・浦和経由で回線が復旧している。そのため、富山から信越線で東京入りした船越特派員は、いったん長野に戻って原稿を大阪に打電しなければならなかった。同じ紙面に「武装軍隊の厳戒――不逞団蜂起の流説に備へて」の記事があり、「場合によつて斬り捨て或は銃剣で突き刺すべく厳戒中であると」（名古屋電話）」と結ばれている。問題はそれに続く「各地でも警戒されたし　警保局から各所へ無電」である。全文を引用する。

神戸に於ける某無線電信で三日傍受したところによると、内務省警保局では朝鮮総督府、呉、佐世保両鎮守府並に舞鶴要港部司令官宛にて目下東京市内に於ける大混乱状態に附け込み不逞鮮人の一派は随所に蜂起せんとするの模様あり、中には爆弾を持つて市内を密行し、又石油鑵を持ち運び混雑に紛れて大建築物に放火せんとするの模様あり、東京市内に於ては極力警戒中であるが各地に於ても厳戒せられたしとあつた。

この記事の元ネタは、三日午前八時に内務省警保局長から各地方長官宛てに「鮮人ノ行動ニ対シテハ厳密ナル取締」を求めて発せられた電報である。先行研究でも、新聞に掲載された流言の発信源が多くは治安当局の無線通信を傍受したものとされてきた。「朝鮮人来襲」情報の拡散に無線通信が果たした役割は特に大きかった。流言発生から二、三日間で、北は『樺太夕刊』から南は『台湾日日新報』まで各地の新聞が記事化している。軍隊および警察の通信を整理した中島陽一郎『関東大震災』によれば、最初の発信記録は九月二日午後八時二八分に船橋海軍無線送信所から横浜鎮守府長官発、海軍大臣宛てに出された「不逞鮮人ノ放火」である。極度の混乱状態のために船橋海軍無線送信所は翌三日午後四時三〇分には「船橋送信所襲撃ノ虞《オソレ》アリ、至急救援頼ム」の緊急電まで発信している。このSOS電は北京の日本大使館でも受信され、「不逞朝鮮人の一団が船橋を襲うとか、上野公園に避難している日本人を掠奪するとかのデマニュースもつぎつぎ入って来て、われわれ仲間ので噂話の種となった」と高橋信一は証言している（通信外史刊行会、一九六二）。流言蜚語の国境を越えた拡散は、インターネットはおろかラジオ放送の開始以前から生じていた。

　重要なのは大阪朝日新聞社も傍受した「某無線電信」内容の真偽ではなく、「傍受」というコミュニケーションの形式である。一九一五年公布の無線電信法では次のように「通信の秘密」が保護されていた。第二十条「電信官署又ハ電話官署ノ取扱中ニ係ル無線電信又ハ無線電話ノ通信ノ秘密ヲ侵シタル者ハ一年以下ノ懲役又ハ二百円以下ノ罰金ニ処ス」。傍受はこの「盗聴」とちがってそれ自体が違法ではない。しかし、その内容をそのまま第三者に漏洩したり、窃用することは処罰の対象となる。そのまま傍受内容を掲載できないため、くちコミと同じく新聞でも主観的バイアスが強く働いたことはまちがいない。

流言拡大の報告を伝えたにすぎない『大阪朝日新聞』の傍受記事でさえ、放火、略奪、強姦、毒投入など多様なくちコミ流言を国民が「朝鮮人来襲」という一般イメージにまとめ上げる段階では十分な効力を発揮したはずである。こうしたイメージ形成においては「朝鮮人来襲」を伝える記事ばかりか、流言を打ち消す後続の記事でさえも同じ効果を持ったということができる。例えば、九月八日付『都新聞』の社説は「不逞の徒の数は噂の如く多数ならず」と一応は事件を否定している。

> 不逞の徒が或は放火し、或は水に毒薬を投入せるものありたりとて焼け残りたる場所は人心恟々《きょうきょう》たるも不逞の徒の数は噂の如く多数ならず、殊に戒厳令の布かるゝありて多数の軍隊が警備に任じ秩序の維持に力めつゝあれば安心して然るべしと思ひます。

震災報道の教訓は、無線情報をそのまま記事化できる公的なラジオ放送への期待としてあらわれた。報知新聞副社長・太田正孝は、政府に無線通信の公的運用を強く訴えている（太田正孝、一九二四）。

戒厳令を布き、徴発令等《とう》を発布して帝都の秩序の回復に努力してゐながら、政府は何故に通信を有効に利用しなかつたのであらうか。あの際、通信を利用してゐたならば、不祥なる朝鮮人事件も起らなかつたであらうし、憲兵の無智を世上に暴露した観のある大杉殺害事件も起らなかつたと思ふ。

こうした輿論(公的意見)が、震災後にラジオ放送の早期開始を求める動きを加速させた。ラジオ放送は法律上は「無線電話」と定義されてきた。この電子メディアが登場する前と後で、コミュニケーションという言葉の意味は大きく変わった。それ以前の訳語は「交通」だったが、以後は「通信」が主流となった。新聞や雑誌など活字メディアは鉄道や自動車などの交通機関で運ばれなければ読むことはできない。つまり、ラジオ以前の活字メディアはその情報の伝達と物理的な輸送が不可分だったが、ラジオ放送において情報は交通から切り離されて届けられるようになった。地震による交通機関の被災は、すなわち情報伝達の切断であり、その情報欠乏が流言蜚語を生んだと考えられた。そのために、なお大震災の混乱が続く一九二三年一二月に「放送用私設無線電話規則」が公布された。

一九二五年三月二二日(今日の放送記念日)、社団法人東京放送局が東京芝浦の仮放送所から定時放送を開始した四日後、貴族院で修正可決された衆議院議員選挙法改正、いわゆる普通選挙法が成立した。これ以後、「政治の大衆化」はラジオ放送の普及と同時進行した。初めて場所に規定されない公共的な情報アクセスが可能となり、それは市民《ブルジョア》社会から大衆《マス》社会への画期となった。言葉の正しい意味での全国的《ネイションワイド》な大量《マス》メディアはラジオをもって成立する。

開局の挨拶をした東京放送局総裁・後藤新平は、震災時には治安維持を担当する内相に就任していた。後藤はラジオ放送が大衆世論の制御システムとなることを期待していた。その意味では、関東大震災後に構想された日本のラジオ放送は、一九三八年の「火星人来襲パニック」を教訓として歴史的に先取りしたシステムなのである。すでに「朝鮮人来襲」のメディア流言を経験した日本社会においては、アメリカの「火星人来襲」騒動は娯楽ニュースとして笑ってすませられるものではなかったのである。

第3章

怪文書の効果論

――「キャッスル事件」の呪縛――

近時餘りにも甚しい
新聞の横暴と墮落
大新聞に於て特に然り！呪咀の聲
―キャッスル事件は何を語る―
ドウマン書記官が
新聞買收の手先？
彼は日本に居堪らなくなつた
ロンドン米國大使館へ轉任
新聞墮落の一斷面を見る
キャッスル事件の參考人
米國に伴れ去らる
帝國ホテルに於けるキャッスルの
何の爲に伴れ去つたか
新聞買收は事實だと
國民は信じて居る

キャッスル事件を報じる三流紙記事(図版は1932年8月13日付『日本第一新聞』掲載のもの)

「秘密」社会と「テロのメディア」

関東大震災の翌年から、夢野久作は「日本三大奇書」の筆頭に数えられる長篇『ドグラ・マグラ』(松柏館書店、一九三五)を書き始めた。タイトルの「ドグラ・マグラ」も大地が「グラ・グラ」ゆれ、人心が「ドギ・マギ」して生まれた合成語だと推測されている(狩々博士、一九七一)。作中の新聞記事で「狂人」看視人・甘糟藤太が主人公・呉一郎を取り押さえようとする場面などでも、多くの読者が甘粕事件(甘粕正彦憲兵大尉が震災後の混乱に乗じてアナーキスト大杉栄を惨殺した事件)の新聞記事を想起したはずだ。そもそも甘粕事件公判の記事を東京から福岡に速報したのも、『九州日報』特派員の久作自身だった(杉山龍丸、一九七六)。

夢野久作こと杉山泰道の父は、右翼政客として有名な杉山茂丸であり、震災当時、久作は茂丸が社主をつとめた『九州日報』の記者であった。同紙の前身は頭山満《とうやまみつる》が創刊した玄洋社機関誌『福陵新報』であり、久作には頭山や内田良平ら玄洋社・黒龍会幹部の群像を描いた『近世快人伝』(一九三五)などの著作もある。久作は福岡で大震災発生の第一報に接し、即座に特派員として東京に赴き、一か月半の東京滞留で多くの通信記事を書いている。前章で扱った「朝鮮人来襲」流言についても、「変つた東京の姿」(一〇月七日)で朝鮮人を殺した自警団についてこう総括している。

要するに東京市民の一部は、一日午後から三日一パイ位までの間に、大部分は人間となり、一部分は野獣と化したものと思へば大した間違ひは無いらしい。

この一年後、一九二四年一〇月二〇日から連載されたルポタージュ「街頭から見た新東京の裏面」とその続篇「東京人の堕落時代」では、大部分が野獣と化した東京市民の「靡爛《びらん》する浅ましい姿」を活写している。上流階級の腐敗から青少年の性的紊乱までの震災後現象を、久作は「天のデモクラ宣伝」と呼び、堕落した民主主義に厳しい目を向けている。その物質主義的傾向は、急速な近代化、欧化の結果である。それに反発した久作が描く欧米人イメージは「金にあかせて快楽をむさぼる米国人や、スパイ行為に励む欧州人、そして上層部が一般民衆を金とイデオロギーで絞りあげるロシア」である(田畑暁生、二〇〇五)。

流言のメディア史として、ここで注目したいのは久作が異様な情熱を込めて解説する「不良少女のラブレター」とその誘惑のテクニックである。当時流行の探偵小説や活動写真の影響を受けて、暗号や隠語、特殊インクなどスパイ技術を駆使した「秘密」通信が災後にブームとなっていた。さらに、活動写真の大衆化が上流階級における「秘密フイルムの流行」を招いたことも紹介している。

いまさらながら私が夢野作品を読み始めたのは、ご推察の読者もおられようが、二・二六事件直後に刊行された短篇「火星の女」(一九三六)が気になったからである。この作品では、ヒロイン・甘川歌枝が「火星の女」と綽名《あだな》されたのは「ノッポの醜い姿」ながら比類なき運動能力を持っていたからであり、「火星人来襲」につながる話ではない。とはいえ、キリスト教信者の高等女学校校長による女生徒凌辱事件を扱ったこの猟奇的小説は、メディア流言、すなわちセンセーショナルな新聞記事の「引用」から始まっている。

特大見出し「県立高女の怪事――ミス黒焦《くろこげ》事件――噂は噂を生んで迷宮へ」に、本日記事解禁とわざわざ注記された新聞文体は、小説本文とは異なる生々しさがあり、思わず引き込まれる。被害生徒が偽善的な校長に復讐するために利用する「テロのメディア」こそ新聞なのである。「火星の女」は遺書でこう綴っている。「女性のための五・一五事件を起して、この世界が男性のためばかりの世界でない事を思い知らせてみたくなったのです」。

久作が現実に目撃した復興帝都では、二大全国紙となる大阪系資本の『東京朝日新聞』と『東京日日新聞』が財力に物を言わせ、大震災後の再建途上にあった在京有力紙を販売店から締め出していった。その結果、伝統ある『国民新聞』『時事新報』『報知新聞』が在京五大紙体制から次々に脱落していった。また、一九二四年一二月には大日本雄辯會講談社(現・講談社)から「一家に一冊」を謳う国民雑誌『キング』が創刊され、翌二五年三月二二日、東京放送局はラジオ放送を開始した。こうした大衆《マス》メディアが名実ともに全国紙、国民雑誌、全国放送に発展するのは一九三〇年代初頭だが、それは怪文書が氾濫した時代でもある。明治大学教授・赤神良譲は「怪文書心理学」(一九三五)をこう書き起こしている。

近時日本社会に於いて、殊《こと》にその非常時が叫ばれ出して以来、甚《はなは》だしく怪文書の横行を見るに至った。(略)怪文書、秘密出版物、則ち「怪」だ「秘密」だと云はれ、その「怪」が、その「秘密」が魅力を人心に絡みかけるからである。

こうした社会学者の指摘はあるが、怪文書の機能と影響を考察した歴史研究はきわめて少ない。怪文書は「火星の女」も利用した反体制メディアである。それは組織も経費も事実も必要とせず、匿名のまま行使できる情報ゲリラ戦のテロ兵器である。一九三〇年代の日本で体制とは、新聞界の「三流紙」にとって「全国紙」体制であり、陸軍の「皇道派」にとって「統制派」体制であり、海軍の「艦隊派」にとって「条約派」体制だった。その意味で多くの怪文書が、三流紙、皇道派、艦隊派から流出した。以下では一九三〇年のロンドン海軍軍縮会議の新聞報道をめぐって反体制勢力が仕掛けた「キャッスル事件」報道(本章扉図)について検討する。

「キャッスル事件」とは何か

一九三〇年ロンドン海軍軍縮会議にまつわる政治スキャンダルとして、キャッスル事件を今日記憶する人は少ない。歴史事典の項目にも見当たらないし、日本通史の多くがこれを素通りしている。軍縮会議の報道で日本海軍が強く主張する「対米英七割」を当初は支持していた『朝日新聞』『東京日日新聞』『時事新報』などが日本政府の妥協案受け入れと同時に論調を変えた背景に、駐日アメリカ大使ウィリアム・R・キャッスルの新聞買収工作があったとするデマ報道である。私がキャッスル事件という固有名詞を初めて目にしたのは、鈴木庫三「国防国家と思想」(一九四三)を拙著『言論統制』で引用する際だった。日米開戦時に情報局情報官をつとめた陸軍中佐・鈴木庫三は、陸海軍部の昭和維新運動の契機をキャッスル事件に求めていた。

　陸海軍部にあつては政党政治の重圧や国民精神の弛緩に悩まされて居たのであるが、時恰《あたか》もロンドン軍縮会議にからむキヤツスル事件で青年将校を極度に刺戟し、之が契機となつた「さくら」会が生れ来た。

桜会は陸軍省や参謀本部の中堅将校が軍事政権樹立を目指した秘密結社であり、ロンドン軍縮条約が枢密院で可決された一〇月一日に結成されている。当時、東京帝国大学陸軍派遣学生だった鈴木中尉も、大学知識人との連絡係として桜会に加わっていた。
キャッスル事件の影響は、それが国民世論に与えた持続性から注目すべきだろう。一例として、「事件」から一五年後の日米戦争末期に山岡荘八が『富士』（一九四三年から四五年まで『キング』を改題）で連載を続けた「御盾」から引用しておこう。この実録小説は、一九二一年ワシントン海軍軍縮会議から一九三〇年ロンドン軍縮会議まで、日本海軍の将校群像を描いて大人気を博していた。ペリー来航、ワシントン会議に続く「第三の戦ひ」がロンドン会議であり、キャッスル事件で「国内思想戦」が始まった、と山岡は描いている。

アメリカ大使のキヤツスル又、わが輿論の激化を覆滅《ふくめつ》せんとしてしきりに暗躍を繰返し、賛否さま〴〵の渦紋《かもん》は、青葉と共に全日本をつゝみ去らうとするのであつた。莫大な弗《ドル》が国内にバラ撒かれた。新聞の論調は再転し、更に三転した。恐懼《きょうく》にたへざる憲法論と、キヤツスルの北叟笑《ほくそえ》みさうな国際信義論が生れて行つた。将《まさ》に日米は開戦したのである。（略）キヤツスルの代表するアメリカの曳く糸で、日本人同士が二派《ふたは》に分れ、鎬《しのぎ》を削つて日米思想戦を戦ひだしてゐたのである。学者が動員された。評論家が動きだした。資本家が躍つた。外交家が叫んだ。新聞人が書きまくつた。草莽《そうもう》が加はつた。新聞も雑誌もラジオも演壇も映画も文学も議会も、当然この戦ひの舞台となり、弾丸となり、毒ガスとなり、煙幕となつていつた。

山岡にとって「莫大な弗が国内にバラ撒かれた」事件は、もう一つの事実、いわゆるオルタナ・ファクトだったようだ。この連載は次号(一九四五年四月号)の浜口雄幸首相狙撃で唐突に幕を閉じるが、「作者附記」はこのロンドン会議を「米英的旧秩序打破の出発点」と評している。キャッスル事件は情報の真偽を扱うジャーナリズム史では取るに足らないデマ騒動だとしても、情報の効果を分析するメディア史においては決定的に重要な事件である。

ロンドン軍縮問題と海軍の輿論指導

キャッスル大使が東京に着任したのは、ロンドン軍縮会議開始直後の一九三〇年一月二四日である。当時、東京の新聞界は熾烈なサバイバル・ゲームを展開していた。「東京日日新聞社——百万突破祝賀会」(一月一八日)、「東日と東朝の部数に三十五万の開き——驚いて東朝が大濫売開始」(同二七日)、「五十万部が絶対的基本部数——時事新報が死力をつくして拡張に従ふ」(同二九日)、と新聞内報『新聞之日本』は伝えている。一方で、この当時の新聞紙面には「疑獄」情報があふれていた。疑獄とは、犯罪の疑いはあるが経過・罪跡などが明確につかめず、有罪・無罪の判決を下しにくい事件のことである。一九二八年の張作霖爆殺も、国民に事実関係を秘匿したまま「満洲某重大事件」として報じられていた。この事件処理で昭和天皇に叱責された田中義一首相は翌月内閣総辞職し、浜口雄幸内閣が成立した。議会少数与党の民政党は政局運営に世論を利用すべく、政友会がらみの疑獄を暴き立てた。復興局疑獄事件の控訴審判決が出た一九二九年から翌三〇年にかけて、東京市会汚職事件、五私鉄疑獄事件、合同毛織疑獄事件、朝鮮総督府疑獄事件、売勲事件が連日のように新聞で報じられている。その影響もあってロンドン軍縮会議開催中の一九三〇年二月二〇日実施された第二回普通選挙で政友会は惨敗している。軍縮交渉の外信記事は金権まみれの政局記事と並んで掲載されていた。

キャッスル事件が他の疑獄事件と大きく異なるのは、これまで「社会の木鐸《ぼくたく》」として政治家の疑惑を追及してきた新聞社に疑惑の眼差しが向けられたことだ。疑惑の告発において「ペンは剣よりも強し」だが、この事件では疑惑の被告席に「ペン」が立たされていた。実際の裁判では大新聞社側が勝訴しているように、アメリカ大使による新聞買収は明らかなフレーム・アップ(事件捏造)である。しかし、軍縮問題の輿論指導において大新聞社幹部が政府側、とりわけ海軍省の機密費で接待を受けなかったわけではない。『新聞之日本』一九三〇年一月七日号は「各紙編輯《へんしゅう》幹部を交々《こもごも》招待し——海軍省大童《おおわらわ》の諒解運動」と第一面で伝えている。東京朝日新聞社編輯局長・緒方竹虎の証言(朝日新聞社社史編修室、一九六九)によれば、ロンドン軍縮会議に先立ち山梨勝之《やまなしかつの》進《しん》海軍次官、末次信正軍令部次長から高級料亭・築地錦水に招かれ、そこで「補助艦七割を支持」の輿論指導で合意した、という。

軍縮会議の始まる前に、海軍側と「決裂に導いてもやるのか」「いやそれはやれない」「それじゃ七割を主張しても、通らなかった時には新聞だけが残されて困るじゃないか」という問答をやったが、結局そういうことになって、新聞だけが引込みのつかないことになってしまった。

海軍側は、一九二一年のワシントン軍縮会議で「主力艦対米六割」を飲まされた敗因を国内輿論の支持不足に求めていた。そのため、今回は「補助艦総括対米七割」で不退転の決意を固め、積極的な新聞工作を展開していた。最終的に補助艦総括で対米比六九・七五%の妥協案が成立したが、これを受け入れる「条約派」と原則に固執する「艦隊派」の対立が海軍内部で生まれた。緒方と並んでキャッスル大使から買収された新聞人と名指された『時事新報』編輯局長・伊藤正徳は、戦後「捏造キャッスル事件」でこう回想している（伊藤正徳、一九五九）。

その流説は、緒方、岡崎、伊藤（朝日、毎日、時事の編集局長）が、米国のキャッスル大使から三百万円を収受し、それを都下言論界に分配して米国案に賛成させたというのだ。無礼は勿論、余りの非常識を笑殺していたが、やがて某業界紙が書き立てたので、それを告訴して追究した結果、驚くべし、出所が軍令部の某有力提督であることが判つて、我れ我れは開いた口が塞がらなかつた。

怪情報の発信源が加藤寛治軍令部長だったかどうかはさほど重要でない。伊藤が加藤提督とも昵《じっ》懇《こん》の仲であり、輿論指導の依頼を受けていた「海軍通」だった事実に注目すべきだろう。

右翼新聞による「事件」捏造

ロンドン軍縮会議の開催に先立ち、黒龍会主幹・内田良平は一九二九年一一月二五日に海軍軍縮国民同志会を結成した。翌年四月二二日に条約は調印されるが、同志会はこれを「統帥権干《かん》犯《ぱん》」として糾弾し、「売国条約」破棄を訴え続けた。司法省がまとめた「所謂キヤツスル事件に関する調査」(一九三九)では、この反対運動が右翼勢力に与えた影響をこう総括している。

此のロンドン条約の成立を契機とする極右分子の地下的不可視的結成が遂げられ、之が後日の重大不祥事件続発となつた事であつた。

それまで四分五裂の状態だった右翼運動が「地下的不可視的」に結集し、政治勢力として登場する烽《ほう》火《か》がキャッスル事件だった。伊藤隆は「これ以後二・二六事件に至る時期の政治的連携・対立の戦線配置の大筋がかなりはっきりと表面にあらわれた」とした上で、当時の右翼運動をこう要約している（伊藤隆、一九六九）。

上層の復古主義者に食い入って資金を調達し、大義名分を掲げて政界の「不敬」「不正」問題をとらえて「怪文書」を作り「降参料」をとり、それらをもって子分を養成し、運動資金とするというメカニズムである。

このメカニズムの怪文書としては北一輝が暗躍した宮中某重大事件（一九二一年）や朴烈・金子文子「怪写真」事件（一九二六年）のほうが有名である。ロンドン軍縮条約の政府批判で使われた「統帥権干犯」というフレームも北の発明とされている。キャッスル事件のうわさは大使来日以前にも、「米国軍縮大使来朝の目的」（『日本及日本人』一九三〇年一月一五日号）で登場している。

大使は恐らく先づ我国論の最軟弱地点に向つて巧妙なる宣伝と懐柔を試みるであらう。（略）黄白《こうはく》の前には魂をも売らんとする風潮ある今日に於て、必ずしもキヤツスル大使の努力の、水泡に帰す可きを断言し得ないのを遺憾とする。

『日本及日本人』は三月一日号にも平田晋策「米国大使訪問記」を載せている。平田はロンドン条約調印の一か月後に『軍縮の不安と太平洋戦争』を刊行し、やがて『われ等若《も》し戦はば』（一九三三）など未来戦記で人気を博した。このジャンルでは退職海軍少佐・中島武の『日本危し！太平洋大海戦』（一九三二）がキャッスル事件を詳しく扱っている。加藤寛治大将が題字を寄せた同書の奥付を信じるならば、発売後三週間で九〇版という異様な売れ行きを示していた。一九三〇年五月二〇日に軍令部参謀・草刈英治少佐（中島の作中では岸川少佐）は条約に抗議して割腹自殺している。中島はその背後にうごめく「米大使キヤッスルの怪行動」をこう描いた。

その買収方法たるや極めて巧妙を極め、現在官にある者に対しては数年後、彼がその職を去り、世間の疑惑を受けざるに至つて初めて現金を受け取り得るが如く、綿密なる計画の下に金を残して行つたと云ふのである。従つて誰も某々が買収されたと云ふ確証を握つたものはない。然し噂にしても由々しき大事である。

『日本及日本人』も「草刈少佐追悼号」（一九三〇年六月一五日号）につづき、久木《ひさき》独石馬《どくせきば》「新聞界に関する恐るべき風聞」（同年九月一五日号）から綿引美佐雄「売国的軍縮論を排撃す」（三一年五月一日号）まで、この流言を拡散し続けた。

新聞で「キャッスル事件」をいち早く報じたのは『日本』(日本新聞社)である。同紙は虎ノ門事件を契機に司法大臣・小川平吉が東京帝大教授・上杉慎吉、憲兵司令官・荒木貞夫などと諮《はか》り国民精神善導のために一九二五年に創刊した国粋新聞である。一九三〇年七月八日付の第一面には天皷生「俗論横流の蔭に躍る　言論機関買収の醜聞」がある。

米国のキャヤスル大使は霞ケ関外交を買収する為めに三百万弗を当局に手交し、当局は更にその一部をジヤパニース・ヴアイウオーター氏に交付して、新聞紙買収を委託せりと。また或ものは言ふ。然《しか》り々々。某大新聞は各四十五万円を交付されたりと。

「三百万弗」の配布先は匿名だが、読者の多くが「ジヤパニース・ヴアイウオーター氏」で「海軍通」伊藤正徳を思い浮かべたにちがいない。ヘクター・C・バイウォーターは日米未来戦記『太平洋戦争』(一九二五)で有名な英海軍記者である。この記事を読んだ宇垣一成《かずしげ》陸相は、翌九日の日記にこう書き付けている。

海軍々縮に対する輿論の豹変は不可解也。世間では操觚者流《そうこしゃりゅう》が外務甚しきは米使に買収せられたりと云ふものあるも、余は信じたくない。

この風説が政界中枢にまで広まっていたことは、政府が条約批准審査委員会に備えて八月に作成した「枢密院関係質問応答資料」からも裏付けられる。

「キャッスル」大使は黄金を以て我が国輿論を買収せんと試み外務当局は之に助力を与えたりとの風説あり真相如何

答　其の事実なし

（六）　昭和五年四月十日　新聞之日本　（木曜日）　第二九八七號

日本新聞紙の偉大なる特長
それは統一された大精神にあり
政黨に對し自由公平公共事業に克く努力と
全米國民を代表して　キャッスル米大使の挨拶

此の一文は昨八日夜の東京會館に於ける日本新聞協會總裁宮奉戴記念晩餐會席上に於ける、米國大使キャッスル氏の演説で、日本新聞紙に對する概論、まことに良く其の中心を覇持して餘す所がない。流石は全米國民を代表した日本新聞論、我等は永年日本ジャーナリズムの渦中にあつて未だ、如斯卓抜なる觀測を聽く機會がなかつた。左記は其の全文である。

日本新聞協會總裁宮殿下並會員諸君

余は今回日本新聞協會が新に名譽總裁として畏くも東久邇宮殿下を奉戴し茲に盛なる年次大晩餐會を開かれる芽出度き席上に於て、一言祝辭を述べることを光榮とする處であります。

八日夜の日本新聞協會晩餐會に於て日本新聞の特長を指摘した米國大使
ウイリヤム・キャッスル氏

日本の新聞は、誠に偉大なる力、恐らくは、世界の他國に於ては見られざる程の偉大なる力を有して居る。

こは日本の新聞が驚異的發行部數を有して居ると云ふ爲でもなく、又新聞事業の經營がよく行はれて居る爲めでもないのであります。實にそれは、たとへ各新聞の理想が個々には相違して居るとも究局に於ては、只管日本帝國に對する誠忠を目的として統一されて居るが爲めに外ならない結果であると信ずるのであります。

之れを證明する
雄辯なる事實

此の事は日本新聞協會々長が、既に述べられた事により又茲に畏くも東久邇宮殿下の御臨席遊ばされたる事により、最も雄辯に證明されて居るのであります。誠に此の統一されたる大精神あればこそ、日本の新聞が

図 3-1　キャッスル大使の挨拶記事
（『新聞之日本』1930 年 4 月 10 日号）

「黄金を以て」の買収はないとしても、キャッスル大使から新聞界への説得工作は行われていた。浜口内閣が日米妥協案に回訓決定する一週間前、四月八日に東京會舘で開催された日本新聞協会大会の晩餐会にキャッスルは来賓として出席している（図 3-1）。大会では徳富蘇峰（大阪毎日新聞社賓）が議長に選出され、光永星郎《みつながほしお》理事長（日本電報通信社社長）の挨拶の後、清浦奎《きようらけい》

吾《ご》会長（元首相）により東久邇宮稔彦王《ひがしくにのみやとしひこおう》の総裁奉戴が宣言された。続いて新聞業界長老の彰徳式が行われ、東京朝日新聞社長・村山龍平《むらやまりょうへい》（代理・杉村広太郎《こうたろう》）、東京日日新聞社長・本山彦一《もとやまひこいち》（代理・岡崎鴻吉《こうきち》）、新愛知新聞社長・大島宇一《ういち》（代理・岡田伊三郎）など八名に総裁・東久邇宮から御沙汰書《ごさたしょ》が手渡された。この晩餐会祝辞でキャッスル大使は、党派的なアメリカの新聞と比較し、「一団となつて光輝ある皇室に対する忠誠の為め一致協同して微々たる党派的色彩を超越」した日本の大新聞の不偏不党を高く評価している。軍縮交渉の真っ最中に、キャッスル大使は日本の一流新聞社幹部との親密な関係を誇示して見せたのである。

　この祝辞を大新聞から経済的に圧迫されていた三流紙の記者がどう読んだかは想像に難くない。実際、キャッスル事件を報じた新聞雑誌は、日本新聞協会に所属しない二流以下の媒体である。『日本及日本人』や『日本』はまだバックナンバーで確認できるが、それ以外の『日曜夕刊』『夕刊帝国』『帝国新報』『大阪今夕新聞』『回天時報』『天業民報』『新使命』『大日』『恢弘』『大民愛国新聞』『ワールド特報』などは所蔵先の確認さえ困難な三流新聞である。初めて実名をあげ「売国」新聞人を告発したのは、一九三〇年一〇月二六日付『日曜夕刊』である。

　聖代の大不祥事、浜口内閣の大罪悪、我日本帝国を売る！　米国使臣キャッスルを顧問とせる外務大臣幣原喜重郎《しではらきじゅうろう》、外務政務次官永井柳太郎、逓信政務次官中野正剛等一味並に非国民新聞の走狗《そうく》外字新聞の頭《ず》本《もと》元貞《もとさだ》、東京日日新聞の岡崎鴻吉、東京朝日の緒方竹虎、時事新報の伊藤正徳等、弗《ドル》の捕虜となつて売国！

「実名」暴露とキャッスル裁判

売国者と名指された新聞人のうち、『ジャパンタイムズ』を創刊した頭本はすでに「外字新聞」経営から離れており、この記事はまず正確さに欠けている。同号は新聞紙法の「安寧秩序紊乱」で即日発禁となったが、緒方、岡崎、伊藤、頭本の四名は執筆者の中川吉太郎と発行人の萩原伝治郎を名誉毀損で東京地裁に告訴した。一方、『日曜夕刊』社長の西澤龍は、「その評判は世間的に拡大する事になるであらう」と提訴をむしろ歓迎している（『新聞之日本』一九三〇年一〇月三〇日号）。

流言を否定する裁判のニュース性において、原告側より被告側が圧倒的に有利である。流言の否定は意外性が乏しく報道価値は低い。「贈収賄が行われた」という情報ならスクープにもなるが、「それは行われなかった」という事実は「食べ残しのピザ」のようなものとして受け取られる。そのため、「裁判になった」という事実のみが読者に記憶される。そうした記憶の特性として、「アメリカからの贈賄はなかった」という否定の情報では「アメリカ」「贈賄」という名詞だけが脳裏に残り、それが否定されたという事実は忘却されがちである。実際、キャッスル事件の名称も裁判報道を通じて世間に定着していった。一九三〇年一二月二七日予審が終了し、事件は公判廷に回されたが、右翼新聞は公判報道に名を借りて個人攻撃を繰り返した。一方で、原告側の主要新聞は否定報道のブーメラン効果（その流言をまだ知らない人にまで広めてしまうこと）を恐れてほぼ黙殺している。

キャッスル事件裁判を契機に右翼新聞内報『新聞と社会』も一九三〇年一二月一日に創刊された。その巻頭には内田良平「新聞万能時代の弊害」が置かれ、頭山満ほか黒龍会幹部が列席した創刊披露招待会の写真が添えられている。

終刊の一九四〇年九月号まで編輯綱領として掲げられた「本誌の主張」では、かつて「社会の木鐸」「無冠の帝王」と呼ばれた新聞の堕落と横暴が痛烈に批判されている。「強者の暴虐に抗争し、弱者の味方たらんと」、新聞に対する調査報道の実施を「本社の事業」で次のように宣言する。

各新聞社の内情、新聞に掲載されたる材料の出所系統、新聞記者の行動調査等の依頼に応じ、新聞に依つて迷惑損害を受けたるものの相談、名誉毀損に対する恢復委任処理を引受く。（略）新聞の報導記事に依つて迷惑を受けたるもののため、本社に於いて、事件精査の上機関紙「新聞と社会」誌上に掲載　新聞の誤りを正し、新聞社の責任或は情実的政策的内情を究明糺弾《きゅうだん》し、社会の批判に訴へる。

毎号の誌面には、誤報や報道被害の批判、新聞業界内のうわさなど数多くのスキャンダル情報が盛り込まれていた。この『新聞と社会』の黒幕は黒龍会に属する宅野《たくの》田夫《でんぷ》（本名・清征、一八九五〜一九五四）である。宅野は東筑中学を卒業後、上京して洋画家・岡田三郎助の書生となり、一九一六年から中国大陸を巡歴して南画を学び、二一年帝展に出品している。画家として宮家や重臣宅に出入し、その人脈を利用して右翼・軍部・宮中にまたがるうわさのネットワークを築いていった。三〇年八月に宅野は頭山満、寺岡平吾予備役海軍少将らと並んでロンドン条約破棄懇談会を開催し、三一年六月に内田良平を総裁に結成された大日本生産党の常任委員となった。三二年九月二〇日付『帝国新聞興信所報』は、キャッスル事件の「和製カポネ」をこう伝えている。

> 裏面に踊る人物とは何物ぞ、（略）今裁判事件となつてゐる例の不可解なる「キヤツスル」事件の背後から糸を引く宅野田夫画伯である。宮内省攻撃や新聞浄化（?）を叫ぶ仙人タコ野こと宅野田夫氏なのである。

一九三一年七月一四日、宅野はキャッスル裁判被告の中川吉太郎とともに、天皇側近グループへの過激な個人攻撃で知られた『日本第一新聞』を創刊している。さらに三二年、宅野は東京市青山南町乃木大将墓畔に私塾「南町塾」を創設するが、その顧問には『原理日本』の蓑田《みのだ》胸喜《むねき》、『大日』の末永節など著名な右翼言論人が名を連ねている。今日、宅野の名前は美術人名辞典に確認できるのみだが、一九三〇年代前半には内大臣・牧野伸顕、内大臣秘書官長・木戸幸一、枢密院議長・倉富勇三郎、侍従次長・河井弥八《かわいやはち》など重臣たちの日記にその暗躍の情報が頻出している。

宅野の主要敵は自由主義的かつ近代主義的な宮内省と新聞である。『新聞と社会』一九三一年一月号には宅野の論説「宮内省と新聞」に続く頁に、伊藤正徳「私が買収された噂——斯《か》かる中傷を排撃する一文」が掲載されている。もちろん、伊藤の訂正要求を『新聞と社会』が掲載した理由は公正さを示すためではない。むしろ、スキャンダルを炎上させる燃料として利用するためであり、伊藤の寄稿には「新聞界最近の一大不祥事」と題する解説記事がわざわざ付けられている。続く二月号では宅野田夫「加藤大将と伊藤正徳氏——伊藤時事新報編輯局長の弁明書を読んで」、覆面武士「新聞社は〝金〟で動かぬものか——伊藤時事新報編輯局長の「夢物語」を笑ふ」で更なる反撃を加え、主幹の高杉杏円が自ら被告側の参考人として東京地裁検事局の予審廷に出頭した経緯を説明している。高杉以外の被告側参考人は、『日曜夕刊』社長・西澤龍、前『日本』編集局長・綾川武治、同論説主任・中谷武世《なかたにたけよ》、前慶応大学予科教授・蓑田胸喜、海軍記者・盛田暁、予備海軍中将・坂本一である。予審で中川被告はキャッスル資金の流れを次のように証言したが、そこには同年公判が始まった「五私鉄疑獄」の裏金授受の報道フレームがそのまま転用されている。

幣原〔喜重郎〕は其の巨金を時の鉄道大臣江木翼に手渡し、江木は之を三部に分ち、其の一部をキャッスルよりの請託の意を含めて都新聞社顧問大谷誠夫に渡し、大谷は之を星ケ岡茶寮に於て都下の新聞社幹部記者より成る二十一日会の記者達にバラ撒いた。又他の一部は江木より時の内大臣牧野伸顕の手を介して宮内省方面にバラ撒いた。更に残りの部分は同じく江木より大谷の手を経て石井菊次郎、新渡戸稲造、田川大吉郎等国際連盟協会の関係者を通じて、平和の為の尽力を謝するとの意味を以て同連盟協会に寄付した。然し他説によると幣原は百五十万弗を時の逓信政務次官中野正剛、同じく外務政務次官永井柳太郎其の他に渡し、両人から更に大谷に渡り、岡崎、緒方、伊藤、頭本等をはじめ二十一日会の記者達にバラ撒かれた

一方、発行人・萩原被告は「収賄者」を先述したキャッスル大使出席の日本新聞協会大会の参加者に重ねた証言をしている。

　東京會舘に於て二十一日会のキャッスル歓迎会が開かれ、愈々回訓送付の前後に至りて新聞関係の買収が始まり、当時の新聞記者操縦係中野正剛並に国際連盟協会長石井菊次郎、同理事新渡戸稲造、同田川大吉郎等の手から約九十万円の金が中外商業新聞社長簗田《やなだ》欽次郎《きゅうじろう》、日本電報通信社長光永星郎、報知新聞編輯長広田四郎、国民新聞主幹山根真治郎、東京朝日新聞社長村山龍平、同編輯総務緒方竹虎、東京日日新聞社長本山彦一、同幹部岡実、同編輯長岡崎鴻吉、

読売新聞社長正力松太郎、都新聞顧問大谷誠夫、時事新聞編輯局長伊藤正徳等に撒布された外《ほか》、之と共に中野正剛から亦《また》別に新聞操縦費として七十万円がバラ撒かれ、特に伊藤正徳は以上の外なほ個人として二万円を貰ひ受けた。また東京日日新聞の関係者の故を以て徳富蘇峰は後より之が分前を要求していくらかを取得した。

こうして二人の被告が挙げた収賄関係者のうち、牧野伸顕、村山龍平、本山彦一、徳富蘇峰をのぞく全員が原告を含め予審に証人として呼び出された。原告側の国民新聞主幹・山根真治郎は、一九三〇年一二月一六日に東京地方裁判所予審廷に呼びだされ、山口予審判事から以下の「奇想天外な訊問を受けて呆気に取られた」という。「貴下は東京各新聞のために正金銀行から二百五十万円を受取るべき任務をもつて居たと云ふ事だが本当か」(山根真治郎、一九四一)

被告側証人としては、枢密院顧問官・金子堅太郎、同書記官長・二上兵治《ふたがみひょうじ》、軍事参議官・加藤寛治も予審で訊問を受けた。結局、『日曜夕刊』の記事を「真実だと確信する」と述べた証人は、蓑田胸喜と盛田暁の二人だけであり、しかも盛田が情報源として名を挙げた加藤寛治は次のように一切の関与を否定している。

都下の大新聞が誰からかに買収されて強硬論を一変したとの噂は耳にした。然し其の金がキヤツスルが出したと聞いたことなく、之に対する何等証拠となるやうなものを知らない、のみならず斯る事はある筈がないと思ふ。

すでに公判開始前の『新聞と社会』三一年二月号で高杉主幹はこう書いていた。

訴へにはたとへ敗れたりとするも、今日の憂ふべき新聞界に一つの警鐘を乱打し新聞人を深く戒めたる点に於て大なる意義の存在を確信するとともに『日曜夕刊』も使命の一半を達成し得たものとして自ら慰むるに足ると思ふ。

結局、被告側にとって事実関係などどうでもよく「警鐘を乱打し新聞人を深く戒め」る効果のみが重要だった。こうした法廷を利用した糾弾キャンペーンから多くを学んだのは、宅野の盟友・蓑田胸喜である。蓑田は滝川事件(一九三三年)、天皇機関説事件(一九三五年)、津田左右吉事件(一九三九年)などで自由主義者を告発する急先鋒を演じて名をあげた。それはメディア流言と公判報道のたくみな活用によって少部数の『原理日本』を「紙製兇器」たらしめることができたためである。

一九三一年一二月二一日に予定されていたキャッスル事件公判は、被告・中川吉太郎の急性腎臓炎発病により延期された。中川を発行人、宅野を社長とする『日本第一新聞』はようやく始まった

第一回公判の前日、「流行大新聞の売国行為」「亡国的ロンドン条約の謎！」と大書した号外をばら撒いた。第一審は中川の不在のまま、一九三三年五月一〇日萩原伝治郎に罰金百円の判決を下した。同年一一月九日の第二審判決も被告人控訴を退けた。最終的に一九三四年三月三日、大審院が上告を斥けて萩原の有罪が確定している。

しかし、原告側の名誉がこの裁判で回復されたわけではない。すでに「事件」から三年以上が経過しており、この間に起った満洲事変で軍縮問題に対する世間の風向きは大きく変化していた。満洲事変後の言論空間では「国際協調論者」を「キャッスル事件の売国奴」とみなすフレームが出来上がっていたのである。さらに、名実ともに二大全国紙となった朝日、毎日への反発から、敢えてキャッスル事件裁判に言及する在京二流紙も現れた。「毎夕（東京毎夕新聞）が五段抜きでキャッスル事件を書く様に空気は変つたのである」と宅野は一九三二年一一月一〇日付『日本第一新聞』に書いている。そうした空気につつまれた公判は、被告よりも勝訴する原告側にとって気の重いものになっていた。緒方竹虎は戦後こう回想している（朝日新聞社社史編修室、一九六九）。

いよいよ公判になると先方の思うつぼにはまったわけで、向う側では加藤寛治、金子堅太郎をはじめ予備の責任のない強硬派まで狩り出して証人に申請し、その証人が口をそろえていうことには「金銭の授受の光景は見ないが、そういううわさは聞いた」というのであって否認にはならぬ。(略)金銭授受を否認するだけの確認がないというような妙なことになってしまった。

キャッスル事件の心的外傷

キャッスル事件の影は、二・二六事件にも及んだ。宅野はこの事件でも反乱幇助の「外廓」として一九三六年六月一七日拘束されている(九月一四日不起訴処分で勾留取消)。叛乱首謀者の一人・村中孝次は東京陸軍軍法会議公判で、ロンドン会議当時の「三百万円にて言論買収事情に就いて」、宅野を証人として申請した。検察官は「信用を措けざる人物なるに付必要なし」の意見をつけてこれを退けている(林茂ほか、一九七二)。同じく対馬勝雄中尉もキャッスル裁判の被告・中川吉太郎、同参考人・蓑田胸喜を証人として申請している。

キャッスル事件は二・二六事件後の政局にも少なからぬ影響を及ぼした。大命降下した広田弘毅の組閣に際して、陸軍はキャッスル事件を言いがかりとして、吉田茂や朝日新聞社副社長・下村宏の入閣を拒否している(原田熊雄、一九五二)。吉田茂は浜口内閣外務次官で牧野内大臣の女婿であり、宅野から「キヤツスル事件の大立役者」と名指されていた(宅野田夫、一九三二)。

さらに日中戦争中の一九三九年七月に天津租界問題などをめぐって有田八郎外相と英クレーギー駐日大使の東京会談が行われた際、「第二次キャッスル事件」の報道が現れた。イギリス情報部極東部長ヴィア・レッドマンが三百万ポンドを使って日本の一流新聞を買収しているとの風説である。

レッドマンは一九二八年に東京商科大学(現・一橋大学)の英語教師として来日し、『ジャパン・アドバタイザー』に社説を書き、『デイリー・メール』の通信員も兼任していた。一度帰国した後にイギリス情報省から派遣されての再来日だが、太平洋戦争勃発とともにスパイ容疑で英国大使館内で逮捕され、交換船で帰国した。しかし、戦後の一九四六年には文化参事官として三度の来日をしている(鳥居英晴、二〇一四)。

一方、東京会談当日の主要新聞は「我等は聖戦目的完遂の途に加へらるる一切の妨害に対しては断固これを排撃する」と、一〇社連名の対英共同宣言を掲げた。大阪毎日新聞社、大阪朝日新聞社、東京日日新聞社、東京朝日新聞社、読売新聞社、報知新聞社、中外商業新報社、国民新聞社、都新聞社、同盟通信社である。各社幹部の脳裏にキャッスル裁判の記憶があったことはまちがいない。この一〇社共同宣言にも名を連ねた『国民新聞』は、同年一〇月一四日付「欧洲戦乱不介入の日本に密送された謎の三百万磅《ポンド》」を報じており、同二五日付「駐日英大使館情報部を設置」でこう解説している。

> キヤツスル事件等より累推《(ママ)》して新聞記者の買収、其の他本機関を通じてスパイ行為が行はれるのではないかと異状の注目を払はれてゐる。

この記事はキャッスル事件がフェイクニュースであったことには言及していない。その上で事件が「新聞記者の買収」の代名詞として使われるとき、政府の外交方針を新聞が批判することはますます困難になっていった。メディア流言が大衆の新聞不信に具体的なイメージを与え、それが新聞の公共性を萎縮させたと言えるだろう。伊藤正徳は、キャッスル事件裁判の勝訴確定から二か月後、「社説の失地恢復に就ひて」(一九三四)を書いている。満洲事変以降の新聞社説が生彩を欠き輿論への指導性を失った理由の一つに「大衆心理への投合」を挙げている。「衆論を排して敢然と指導の正論を草する」べき新聞人が、いまや「読者大衆の感情を察し、なるべく之を損しない範囲内に於て立論する」ようになった。それは正論(輿論)に指導する新聞から、衆論(世論)を反映する新聞への変化である。大衆心理へ投合しようとする大新聞は、キャッスル事件という「わかりやすい」フレームによって「防禦の筆陣」に囲い込まれたと言えようか。

キャッスル事件の教訓は、「火のないところに煙は立たない」という慣用句を安易に使ってはならないということである。使うとしても、それを「事実でない流言は広まらない」と解釈すべきではない。むしろ、「火」が欲望や敵意、「煙」が流言やデマである場合にのみ使うべきだろう。キャッスル事件のように、根拠のない誹謗中傷も繰り返されれば、何らかの悪印象は残るのである。

それでは、どのようにすればキャッスル事件のようなメディア流言を否定し消し去ることが可能だっただろうか。流言のダメージを最小限にするために、一流紙側はどのような危機管理術が採用できたのか。キャッスル事件のむずかしさは、流言を広める側も否定する側も、双方がメディア・リテラシーの鉄則、「情報を鵜呑みにするな」と訴えていることである。メディア不信を煽る流言に対して、情報の批判的受容を訴えるメディア・リテラシーは必ずしも有効ではない。こうしたメディア流言への有効な対応は、自分たちのほうが信頼できる発信元であることを証明できた場合に限られる。つまり、キャッスル事件で問われていたのは、濡れ衣を着せられた朝日新聞、毎日新聞、時事新報といった一流紙の信頼性なのである。

戦後、「キャッスル事件」の原告たち、伊藤正徳は共同通信社や日本新聞協会の初代理事長に、緒方竹虎は戦時下の情報局総裁、戦後は吉田茂内閣で副総理に就任した。今後書かれる新聞史は、二人の新聞人が味わったメディア流言でのトラウマ（心的外傷）を書き落としてはいけない。ただし、戦後GHQ占領下で緒方はアメリカ情報部CIAの協力者となり、コードネーム「ポカポン」POCAPONで呼ばれていた（吉田則昭、二〇一二）。戦後まで視野に入れた日米関係はキャッスル事件のような「わかりやすい」フレームで報道するには複雑にすぎる関係なのだろう。

第4章
擬史の民主主義
——二・二六事件の流言蜚語と太古秘史——

大東京恐怖の巷と化す

秋田魁新報

號外

昭和十一年二月二十七日

記事差止め解除

二十六日附通達の軍隊の不穏等に關する記事差止めに就いて當局發表のものに限り解除され

現役青年將校ら蜂起
昨朝重臣を一齊襲撃
岡田首相を官邸に血祭り
內府、教育總監も斃る

（東京電話）陸軍省午後八時十四分發表＝本日午前五時頃一部青年將校等は左記箇所を襲撃

一、首相官邸（岡田首相即死）
一、齋藤內大臣私邸（齋藤內大臣即死）
一、渡邊教育總監私邸（渡邊教育總監即死）
一、牧野前內府宿舍熱海伊藤屋旅館 （牧野伯爵不明）
一、鈴木侍從長官邸（鈴木侍從長重傷）
一、高橋大藏大臣私邸（高橋大藏大臣負傷）
一、東京朝日新聞社

これ等將校等の蹶起せる目的はその趣意書によれば內外重大危急の際元老重臣財閥軍閥官僚政黨などの國体破壞の元兇を芟除しもつて大義を正し國体擁護開顯せんとするにあり右に關し在京部隊に非常警備の措置を講ぜしめられたり

各重臣

即死

陸軍省の発表を伝える 1936 年 2 月 27 日付『秋田魁新報』号外

流言の社会性

流言蜚語やデマは社会の近代化や教育の普及によって減少する、といまも考えている人はいるだろうか。『時事新報』や『産経新聞』の論説委員をつとめた山本文雄は「日本近代の流言について」(一九六九)において、明治初期に非合理な流言が多いのは「無学文盲」の人が多かったからであり、日本社会の近代化とともにそれは減少したと述べている。

いうまでもなく文化の向上、教育の発達で、国民の精神生活も以前ほど非合理的な話に動揺しなくなったためで、荒唐無稽の流言は漸次《ぜんじ》、通用力、伝播力を喪失してきたのである。

本当にそうだろうか。「文盲」が死語となった二一世紀の日本社会でも、荒唐無稽な流言は十分な通用力、伝播力を持っている。本書の目的は、まずこうした俗説を退けることにある。例えば、前章で扱ったキャッスル事件報道である。こうした怪文書の時代は全国紙、大衆雑誌、ラジオ放送などマスメディアが発達した一九三〇年代に到来した。識字率の上昇、教育の発達、選挙権の拡大は、むしろメディア流言が拡大する前提条件にほかならない。メディア流言に接触する人口は、くちコミのうわさの場合に比べ指数的に増大する。その意味で、メディア流言は情報民主主義の原因であり結果である。そして民主主義とは倫理的な価値ではなく、人々が抱く参加感覚なのである。

大正デモクラシーの産物でもある怪文書の時代の黄昏どき、二・二六事件の一年後に刊行された古典的名著が、清水幾太郎『流言蜚語』(日本評論社、一九三七)である。東日本大震災後に『日本人の自然観——関東大震災』などを加えて、ちくま学芸文庫(二〇一一)で復刊された。そのため、あたかも「流言蜚語だけが人間を動かす唯一の力であるやうな時期」(岩波書店、一九四七年版の序)は災害時であるように誤解されがちだ。なるほど、流言に興味を持ったきっかけに少年時代の関東大震災体験があった、と清水は初版の序で書いている。しかし、『流言蜚語』は二・二六事件直後に執筆された「流言蜚語の社会性」(『中央公論』一九三六年春期特輯号)および「デマの社会性」(『文藝春秋』同四月特別号)を骨子としている。もし本当に「朝鮮人来襲」流言の恐怖を念頭に執筆された文章なら、果たして清水は「流言蜚語の生産性」を指摘し、「デマや流言蜚語の味方ばかりして来た」と述べただろうか。

> 流言蜚語の生産性は場合によつては極めて大であつて、公衆の意見の生産性を遥かに凌駕《りょうが》することがある。

関東大震災の例示は検閲対策上のデコイ(偽装)で、議論の本筋は二・二六事件だったはずである。二・二六事件では、一九〇五年日比谷焼き打ち事件、一九二三年関東大震災につづき三度目にして最後の戒厳令が布かれた。治安当局による新聞統制は関東大震災の教訓を踏まえて徹底を究めた。翌日の号外では「大東京恐怖の巷《ちまた》と化す」の大見出しも打たれたが(本章扉図)、その後は報道が解禁される三月一日までの四日間、日本中の新聞は完全に官報と化し、「帝都は平穏」という当局発表を繰り返した。その戒厳状況下で流言蜚語はいかなる社会的意味を持ったのか。清水が問題にしたのは、まさにこの二・二六事件時における「デマの社会性」だった。そのエッセンスは同名の論文でこう表現されている。

新聞が独自の機能を失つて官報化すればするほど、その空隙《くうげき》を埋めるものとして流言蜚語又デマが蔓《はびこ》つて来るのである。「検閲の厳格さの程度と流言蜚語の量とは一般に正比例す」といふ法則が立てられるかも知れない。

なるほど、欠乏があるところに需要は生まれる。情報の不足を想像力で補った流言が虚偽であるにもかかわらず、現実以上の真実である場合も少なくない。それは支配者にとっては不都合だとしても、民衆にとって「優れた流言蜚語」は不可欠なものではなかったか。

世の中で流言蜚語とかデマとか言はれて如何にもインチキの標本のやうに見られてゐるものが実は権力者にとつて都合の悪い「黒」をはつきりと図星を指してゐる場合が相当に多いのである。

新聞紙の統制派と怪文書の叛乱派

二・二六事件は突発的に発生したわけではない。陸海軍将校の反乱やクーデター計画は一九三一年の三月事件、十月事件、一九三二年の五・一五事件、一九三四年の士官学校事件、一九三五年の相沢中佐事件と連続しており、それに関連した怪文書が乱れ飛んでいた。二・二六事件に先立って憲兵司令部が集めた「怪文書関係資料」は膨大である（松本清張・藤井康栄編、一九九三）。相沢三郎中佐が陸軍省で永田《ながた》鉄山《てつざん》軍務局長を斬殺した三日後、一九三五年八月一五日の日付をもつ憲兵司令部「軍ニ関係アル怪文書、不穏ナル檄、通信等ニ就テ」でも、「（増加する怪文書の）影響スル所ハ決シテ軽視スル能ハサルモノアリ」と注意が促されていた。

実際、相沢中佐宅から逮捕後に一九三五年七月二五日発行『軍閥重臣閥の大逆不逞』（維新同志会同人）が押収されている。この怪文書は「村中《むらなか》（孝次《たかじ》）大尉記名のもの（真崎教育総監更迭事情要点）が基礎となり次から次へと鼠算式《ねずみざんしき》に怪文書情報檄文等が生れ出たもの」と憲兵司令部は分析している。

そこでは統制派リーダーである永田軍務局長のメディア利用がこう糾弾されている。

永田少将ハ〔陸軍省〕新聞班員某ヲシテ「軍部ノ系派動向」ナルパンフレットヲ発行シ荒木〔貞夫大将〕、真崎《まさき》〔甚三郎《じんざぶろう》大将〕、秦《はた》〔真次《しんじ》中将〕一派ヲ非難セリ

この「十銭パンフレット」で批判された荒木、真崎、秦は青年将校の後ろ盾となった皇道派首脳である。さらに永田は機密費三、四十万円を使って、皇道派攻撃に一般新聞を買収したとも書かれている。

今回ノ異動ニ際シ各新聞社カ斉《ひと》シク中央部支持ノ筆致ニ出テタルハ永田局長カ武藤〔章中佐〕、池田〔純久《すみひさ》少佐〕、片倉《かたくら》〔衷《ただし》少佐〕等ヲシテ一名当リ五百円乃至《ないし》三千円ヲ与ヘシメタルニヨル

確かに、総力戦に対応可能な陸軍の近代化を急ぐ永田は、新聞輿論の動向に気をくばっていた。新聞社幹部と親しく交流しただけでなく、永田は現役軍人が財界人が集う交詢社に参加できるよう、幼なじみの岩波書店主・岩波茂雄に仲介を依頼している。陸軍を社会の複雑化や新兵器の出現に対応させるためには、将校が財界人や学者と交わることが不可欠だと考えたからである〔佐藤卓己、二

〇一三)。さらに優秀な若手技術将校を帝国大学に聴講生として派遣する「陸軍員外学生制度」も新設された。第二章で震災日記を引用した鈴木庫三もこの帝大派遣学生の一人である。皇道派の怪文書は、こうした永田たち統制派の高度国防国家構想も批判していた。

この視点からは、統制派を「新聞紙派」、皇道派を「怪文書派」と呼んでもよい。とはいえ、新聞紙と怪文書の情報に正確性で明確な境界線が引けるわけではない。そもそも外国のうわさを報じるメディアとして新聞紙は生まれ、その精度を追求して商品価値を高めてきた。長谷川如是閑《にょぜかん》は『改造』一九三四年八月号の巻頭論文「噂の心理と倫理」で新聞紙のニュースを「最も正しいうはさ」と評している。その発生事情は、ともに「公知の要求」だからである。

> ニュースは整理されたうはさである。一定の視角からのうはさが多少組織立てられて排列されてゐるのがニュースである。

如是閑は大正デモクラシー期の朝日新聞「天声人語」担当記者であり、社会部長として夏の「記事枯れ」対策に甲子園野球大会を発案した。怪文書時代の流言氾濫をにらみながら、如是閑は自由主義者として、それを法律で統制するよりも「ニュースのうはさ的性質を徐々に整理する」新聞紙の機能強化を訴えた。大震災時の「朝鮮人来襲」デマも新聞紙の一時的不在に原因を求めた上で、

「新聞記者がもっと意識的にうはさの向上について努力する精神と方法とをもつ」ことが必要だというのだ。それでも、知的レベルがどれほど高い新聞読者でもメディア流言を信じる危険性は如是閑も十分に意識していた。

各人は、その個人的理解力から超然としてうはさ流布の協力者となり、うはさの信者となるのである。何が彼等をして、知的平均点まで、彼等の知的能力を低下せしめるか。

むしろ、知的水準の高い読者ほど惹きつけられるメディア流言として、二・二六事件にまつわる怪情報がある。出版業界では「二・二六産業」と評されるほど、今日に至るまで多くの書籍が刊行され続けている理由も知的読者の存在を無視しては説明できない。

情報不在の新聞号外、情報統制のラジオ放送

一九三六年二月二六日未明、皇道派青年将校に率いられた約一五〇〇名の反乱部隊は、「昭和維新断行・尊皇討奸」を掲げて岡田啓介首相ほか政府要人宅六か所を襲撃し、首相官邸や国会議事堂など一帯を四日間にわたり占拠した。斎藤實《まこと》内大臣、高橋是清蔵相、渡辺錠太郎教育総監は殺害され、鈴木貫太郎侍従長は重傷を負ったが、岡田首相は秘書官の松尾伝蔵大佐が身代わりとなって

助かった。高橋蔵相を射殺した中橋基明中尉率いる部隊は、東京朝日新聞社社内に乱入して活字ケースをひっくり返した。そのため、『東京朝日新聞』は号外発行の機会を逸した。

中橋部隊は朝日新聞社襲撃の後、東京日日新聞社、報知新聞社、時事新報社、国民新聞社、日本電報通信社をまわり、「蹶起《けっき》趣意書」の掲載方を要求した。『報知新聞』二六日夕刊はその全文を組んだが、内務省警保局、憲兵隊本部から事件関連記事差し止めの通達があり、当該記事を削って発行した。結局、事変勃発の全体像を独自に報じた新聞は、唯一『大阪毎日新聞』号外だけであった。

大阪毎日新聞社は同午前六時一〇分ごろ系列の東京日日新聞社からの急報を受け取った。当時、内務省から地方へ通達が届くのに二時間の時差があったため、大阪、名古屋、門司の発行所は印刷を急ぎ、記事の掲載差し止め通達を受け取った時点で号外の大半は配布を終えていた。購読料がひと月一円だった当時、この号外は一枚五円で取引されたという(渡辺一雄、一九六三)。しかし、同紙も夕刊以降は当局発表のみを掲載しており、関連ニュースは見当たらない。こうした重大情報の欠落状況が多くの流言蜚語を生み出していった。

二月二六日午後七時一〇分、東京警備司令部はラジオ・ニュースで「本日午後三時第一師〔団〕管〔区〕戦時警備を下令せらる」、「目下治安は維持せられある」と発表した。さらに午後八時一五分、陸軍省は事件概要を記者発表した。その内容は各紙の号外(本章扉図)で報じられ、二〇分後にラジオ・臨時ニュースとして放送された。そこでは実際には生存していた岡田首相が「即死」とされ、

「蹶起趣意書」をなぞった文章がそのまま使われている。

これら将校等の蹶起せる目的はその趣意書によれば内外重大危急の際元老、重臣、財閥、軍閥、官僚、政党等の国体破壊の元兇を芟除《さんじょ》し以て大義を正し、国体を擁護開顕せんとするにあり

これでは陸軍省が「蹶起せる目的」を承認しているようにも読める。実際、当局は反乱軍の呼称を情勢とともに変化させた。二六日は「出動」部隊、二七日は「蹶起」部隊および「占拠」部隊、二八日は「騒擾《そうじょう》」部隊、二九日は「叛乱」部隊である。

二七日午前三時半、内閣は戒厳を宣言する勅令を発表したが、勅令第二〇号は戒厳司令部に「集会若くは新聞雑誌広告等の時勢に妨害ありと認むるものを停止すること」(第一四条)の権限を認めていた。同日午後九時三一分のラジオ・ニュースは、戒厳司令部発表をこう報じた。

目下東京市中において種々流言が行はれ御心配の向《むき》もあるやうでありますが、(略)帝都の治安は確実に維持せられて居りますから徒《いたずら》に風説に迷はされぬやう御注意下さい。

結果的に新聞紙面に事件に関するニュースらしい記事は反乱部隊が原隊復帰するまで掲載されず、多くの国民はラジオ放送の当局発表に釘付けとなった。その状況も内地の新聞より満洲国で発行された二月二八日付『奉天毎日新聞』の記事「電波の威力の前に　流言・蜚語退散——国内治安維持に活動」が詳しい。

(東京発国通〔満洲国通信社の略〕)突然起つた帝都の非常下にあつてラヂオは俄然威力を発揮し報導《ママ》機関として全国聴取者に臨時ニユースを放送すると共に流言蜚語を蹴飛ばして当局の治安維持に協力し廿六日は演芸放送を中止すると共に午後から廿七日午前零時にかけて次から次へと警備司令部、諸官庁、同盟通信等の提供のニユースを放送した

ラジオ放送が「流言蜚語を蹴飛ばし」たとまで断言できるかどうかは疑問である。それは治安当局の希望を報じたものにすぎない。喜劇俳優・古川緑波《ろっぱ》は二月二六日当日を回想するアンケート(『中央公論』一九三六年四月号)でこう答えている。

「歌ふ弥次喜多」の風呂場の場面撮影中、裸でブル〱ふるへてゐると、事変のニユース飛来、相次いで色々なデマ来れり。(略)仕事終るや、不安に襲はれ一夜安眠せざりき。

さまざまな流言蜚語が広まっていたことは他の証言からも確実だろう。それでも、戒厳司令部が新聞雑誌よりラジオ放送を情報伝達手段として重視していたことは、二九日午前六時のラジオ・ニュースで発表された「市民心得」からも読み取れる。新聞はラジオ以外の「その他」にかろうじて含まれていたようだ。

　適時正確な情況や指示を「ラヂオ」その他により伝達するを以て流言蜚語に迷はず常にこれらに注意せよ。

二・二六事件の結末はよく知られているので、詳述の必要はないだろう。第一報から反乱軍を「賊軍」と呼んだ昭和天皇の決断によって奉勅命令が出された。二九日午前七時のラジオ・ニュースは、当初は青年将校に同情的だった戒厳司令官・香《か》椎《しい》浩平《こうへい》中将の名で「騒擾ヲ起シタル叛徒ノ鎮圧ヲ期ス」との告諭が読み上げられた。飛行機から兵士に原隊復帰を促す「今カラデモ遅クナイ」のビラが散布され、同日午前八時四八分のラジオ・臨時ニュースでは有名な「兵に告ぐ」の呼びかけが放送された。

二九日午後二時頃までに事件は鎮定をみるに至った。岡田首相の生存を国民が知るのは、同日午後四時五〇分の内閣発表であり、翌三月一日の報道解禁により、野中四郎大尉の自決などを伝える新聞号外が連発された。だが、「帝都不祥事件」の詳細はその終結後も「粛軍」の名の下に秘匿された。非公開の特設軍法会議で青年将校と民間の北一輝、西田税《みつぎ》を含む一九名が銃殺刑となり、皇道派将官は陸軍中央から遠ざけられた。こうした不透明な事後処理も多くの風説を生む背景となり、戦後は「忠臣蔵」と並ぶ民族的叙事詩として繰り返し映画化されてきた（福間良明、二〇一三）。そうした「二・二六映画」の多くは東北出身の農民兵に同情する「革新的」青年将校の純粋な生き様を描いてきた。

これを「二・二六伝説」と呼ぶとしよう。そうすると、清水が『流言蜚語』を「プガチョフ伝説」で書き起こした理由も推測できる。プガチョフの乱は一七七三年に発生した農民反乱である。コサック出身のプガチョフは自ら「ピョートル三世」を名乗った僭位者《せんいしゃ》の一人である。ピョートル三世は一七六二年にエカテリーナ皇后一味に弑逆《しいぎゃく》されているが、「農民の理解者」として人気があった皇帝は実はロシアのどこかで生きているとのうわさが広まっていた。プガチョフはそのうわさを利用して、農奴の解放と土地の分配と宗教の自由とを民衆に約束して蜂起したが、政府軍に捕らえられて処刑された。しかし、「四つ裂の刑」の予定が苦痛の少ない斬首《ざんしゅ》となったため、民衆の間では「プガチョフはやはりピョートル三世であった」という流言蜚語が広まった、という伝話である。清水は「流言蜚語の社会性」論文にあった次の一節を書籍化の際に削っている。

その事件〔プガチョフの乱〕に関する多くの著書や資料に分析を加へたならば、ロシヤ労働運動史の一部として流言蜚語の社会学とでも言ふものが立派に出来上ることであらう。

清水が二・二六事件の流言蜚語に日本社会運動史の視点から注目していたことはまちがいない。

「知的であり反省的であり批判的である」流言

「この三者〔官報―新聞―流言蜚語〕の関係の把握は本質的に重要である」と、清水は書いている。当時の情報統制においては、官報をラジオ・ニュースに置き換えてもよいだろう。二・二六事件は新聞に対するラジオ放送の「政治的」優位を確立し、やがて新聞のラジオ化、すなわち広報媒体化をもたらすことになる。また、清水が「流言蜚語の弁護を試みてゐる」理由には、不穏文書臨時取締法〔一九三六年六月一五日公布〕が準備されていた状況とも関係があるだろう。同法は「軍秩ヲ紊乱シ、財界ヲ攪乱シ其ノ他人心ヲ惑乱スル目的ヲ以テ治安ヲ妨害スベキ事項ヲ掲載シタル文書図画」、いわゆる「怪文書」の取締りが目的とされたが、それが新聞の言論活動を圧迫することは明白だった。新聞界は議会審議中はこれに反対を表明したが、三流の「不良新聞」を淘汰するこの情報統制に大新聞社が本気で徹底抗戦する気はなかった。二・二六事件以後の新聞が政治的に萎縮し、ラジオ放送に引きずられて娯楽欄、スポーツ欄、家庭欄に力を注ぐようになった様子を元東京日日新聞記者の山浦貫一は「新聞戦線異状あり」(『中央公論』一九三六年九月号)で鋭く批判している。

憲兵司令部は不穏文書臨時取締法成立を前に「軍ニ関スル不穏文書行為者検挙状況」をまとめ、「怪文書(秘密通信)流布経路要図」(図4-1)を作成している。「情報売込機関」で相互利用されて拡散する「秘密通信」は、翻訳されて外国公館にまで到達していたことがわかる。戒厳令は七月一六日に解除されたが、同法により「怪文書時代」は終わり、流言蜚語の取締りは強化された。その意味で情報の戒厳体制は継続されたと言えなくもない。こうした緊張状態で禁止された流言蜚語に「秘密」を読み取り、それに何かを付け加えようとした公衆の知的欲求を清水は積極的に評価している。

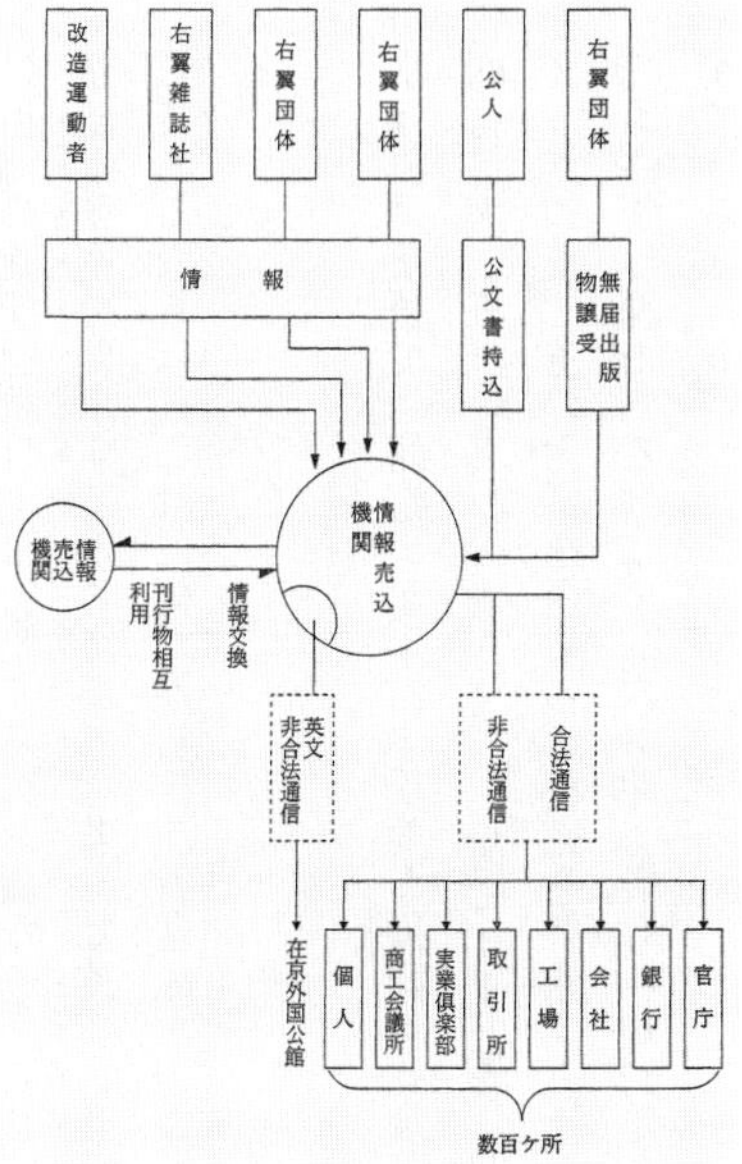

図4-1 「怪文書(秘密通信)流布経路要図」
(憲兵司令部「怪文書関係資料」)

> 閉ざされ圧迫された生活は空虚な昂奮よりも却つて鋭い知性を働かせる。群集のやう

に自己の責任を負はずに行動するのと異なり、ここでは言動に細心の注意が必要である。流言蜚語は秘密を要求するからである。若し知的であり反省的であり批判的であることが公衆の特質であるならば、これに似た性質は流言蜚語を担ふものにも見出されるところでなければならぬ。

清水は流言蜚語で「秘密」が果たす重要な役割も強調している。内務省が集めた「叛乱事件関係流言的言辞調」（五月二五日）のなかで、「言動に細心の注意が必要である」流言は「皇室ヲ云為《ウンイ》シ奉ルモノ」だった。その大半を占める「秘密を要求する」流言は、昭和天皇と一歳ちがいの皇弟・秩父宮の事件関与説である。二・二六事件で最も「知的であり反省的であり批判的」な流言とみなすことができる。

陸軍士官学校、陸軍大学校を優等で卒業した秩父宮の人気は、青年将校の間で高かった。昭和天皇と側近たちは満州事変当時から「秩父宮の最近の時局に対する御考が稍々《やや》もすれば、軍国的になれる点」を懸念していた（一九三二年六月二一日、『木戸幸一日記』）。実際、秩父宮は士官学校同期の西田税と交流があり、村中孝次大尉とともに北一輝宅を訪問したこともあったようだ（秦郁彦、一九九三）。また、一九三二年から第一師団歩兵第三連隊の中隊長を務めた秩父宮は、叛乱軍の中心人物である安藤輝三大尉、坂井直《なおし》中尉らと交流もあった。上記の北、西田、村中、安藤、坂井はいずれも二・二六事件「首魁」として処刑されている。
永田局長斬殺事件のあった一九三五年八月、秩父宮は参謀本部作戦課から弘前の歩兵第三一連隊に「左遷」された。そこに青年将校から秩父宮を離そうとする昭和天皇の意向が働いたとすれば、内務省が記録した「事件関係将校ト密接ナ関係」「革命派ニ好意ヲ持タレテ居ル」という流言も根拠のないものではない。さらに踏み込んだ謀略説も記録されている。

叛軍将校等ノ計画中畏《カシコ》クモ秩父宮殿下ヲ擁立シ　陛下ノ御退位ヲ迄〔乞〕ヒ奉ラントスル恐ルベキ不逞画策ガアツタトノコトデアル

二月二八日付『時事新報』の「秩父宮殿下御帰京御参内《ごさんだい》」の記事などは、そこに何ら解説がないだけに憶測を生む可能性は十分あった。

秩父宮殿下におかせられては、二十七日午後五時、上野駅御安着、直に自動車にて宮中に御参内あらせられた。

人々の関心が秩父宮の動静に集中する中で、反乱軍の青年将校はこう街頭演説した（原敬吾、一九六六)。

秩父宮殿下が御帰京になつたので、いよいよ我々の頭目《とうもく》として戴き、我々の立場は好転して昭和維新の成功も近い。

この流言蜚語の出発点を原は宮家文書の検証から次のように解釈している。直接行動を息巻く坂井直に対して、秩父宮が発した「やる前に先ずわたしに報告するのだ」の発言は事件前から青年将校に知られていた。坂井が一九三三年三月、安藤が同五月に参殿しており、そのころの会話だろうと原は推定する。その意図は彼らの暴発を抑えるためだったかもしれないが、秩父宮を同志と仰ぎ見る彼らは「その時は総帥として出馬ねがえるもの」と勝手に解釈したようだ。

秩父宮は事件当日に高松宮から電話連絡を受け、二七日午前一時ころに御付武官一人とともに弘前駅を発って東京に向かった。その途中、水上駅で列車に乗り込んできたのは、東京帝大教授・平泉澄《きよし》である。皇国史観で知られる平泉は、秩父宮の侍講を一九三四年まで二年半もつとめていた。秩父宮が反乱軍に担がれて昭和「壬申の乱」となる事態を恐れた平泉は、「皇室の御意志の完全なる統一」を説き、「陛下を御輔佐遊ばされますやうに御願申上げ」たと回想している(平泉澄、一九八〇)。これも「密室」の出来事であり、今日まで種々の憶測が語られている。なお、秩父宮に関する流言としては、関東大震災時の大杉栄殺害事件においても、本当は麻布第三連隊の犯行にもかかわらず、秩父宮が在籍していたため甘粕大尉らを身代わりにしたという説が戦後においても有力視されていた(松山巖、一九九三)。

日本主義の科学的論拠

以下では平泉と秩父宮の接点から見えてくる、もっと壮大な「秘密」に目を向けたい。中山忠直は「たまたま畏友、文学博士平泉澄氏が本書を　秩父　高松両宮殿下に献上申された」と、『日本人の偉さの研究』(普及版、一九三三)の序文で書いている。「西洋崇拝思想の打破」を目指した同書を、高松宮は献上前に自ら購入していたともある。この序文の日付は、秩父宮が坂井少尉に「やる前に先ずわたしに報告するのだ」と言ったと推定される一九三三年三月である。明仁親王が生まれるのは同年一二月であり、それまで秩父宮は皇位継承第一位の筆頭直宮《じきみや》であった。

さて、「日本人の偉さ」を研究する中山忠直である。すでに本書第二章にSF詩集『火星』(一九二四年)の著者、中山啓として登場している。関東大震災で自警団に加わり、伝家の宝刀を持って仁王立ちした早稲田大学卒の災害ユートピアン(クロポトキン主義者)だ。

まず、秩父宮に献上された『日本人の偉さの研究』(一九三一)の内容を見ておこう。初版の刊行は満洲事変勃発の三日前である。一九三一年八月二日付新聞『日本』の書評(佐藤天風)では、前章で論じたキャッスル事件と関連付けられている。

日本人が日本人の偉さに漸《ようや》く其眼を開きかけたのは昭和六年九月十七日（満洲事変勃発前日）夜から以後の事だ。若槻（礼次郎）でも幣原（喜重郎）でも財部《たからべ》（彪《たけし》）でも、日本人は西洋人に及ばぬと観念して居たが為めに、キヤツスルの弗箱に意外に物を言はせたのだ。

中山は「（同書は）軍部によつて国民思想振興講演の台本となり、全国刑務所に思想転換の教科書として備へられた」と自讃している（中山忠直、一九三九）。民族学、地政学の欧米文献を参照した戦前「日本人論」の典型であり、南博監修「叢書日本人論19」（一九九七）にも収められている。第一章「日本人の科学的才能は世界一」、第二章「なぜ明治以前に日本の科学の発達は阻止されたか」、第三章「日本人はなぜ強くて利巧か」、第四章「日本主義の科学的論拠」、第五章「日本の未来」と展開されている。「日本人論」というジャンル自体が科学的だとは思えないが、同書から戦後の類書に引き継がれた「科学的論拠」も少なくない。興味深いのは巻末附録「愛国者と危険思想家は生物学的に同素質」（初出は『解放』一九二〇年一〇月号）である。『解放』は吉野作造が中心となった黎明会・新人会系の雑誌であり、まだ社会主義者だった中山二六歳の文章である。

この書物を「根本的に書き直したもの」が、日中戦争中に公刊された『我が日本学』（一九三九）である。なるほど途轍《とてつ》もなくバージョン・アップされた「超科学」的な擬史(pseudohistory)が展開されている。一般に偽史とは、「信頼できない典拠」からの「あいまいな情報」によって構築された歴史である。歴史叙述の「内容」の信憑性が問われる場合には「擬史」と表記され、文献など史料成立の「形式」が問題にされるときに「偽史」とされる場合が多い。

中山の擬史的思考の特徴はその地政学的展開にある。すでに『日本人の偉さの研究』第五章「日本の未来」でも、朝鮮半島の「独立の不可能と不経済」を理由に、内鮮一体論が強く主張されている。関東大震災の経験は、むしろ民族的識別の不可能性を示す事例として挙げられている。

> 朝鮮人と日本人とは只《ただ》姓名の上から差別があるだけで、大地震の時に一々尋問せねば分らず、尋問して尚《な》ほ誤りがあつたではないか。日鮮の融和は朝鮮人の姓名さへ変じ、その戸籍を一旦内地へ移せばよい。

『我が日本学』の序文では「本書が世界の各国語に翻訳」されることを夢見ているが、発行と同時に「安寧禁止」処分、つまり発禁となっている。『出版警察報』第一一九号(一九三九年八月)の概説で、検閲当局は中山の議論を「最近に於ける一傾向」として次のように批判した。

日本民族及日本国家の特殊性を説くものなるが、三種の神器に関し、極端なる異説を唱へ、我国の紀元をも誤なりと断定せる等に依り処分に附せられたものである。（略）我国の優位を主張するに急なる余り、却つて国史の紛更《ふんこう》を来すが如き言説に陥ち入れるものである。

翌年に紀元二六〇〇年祝典を控えて、三種の神器と神武紀元へ疑念を向ける部分が特に問題とされた。禁止理由の全文を引いておきたい。

日本民族日本国家ノ特殊性ヲ強調シ、今次支那事変ハ支那ノ背後ニ在ル英米ノ猶太《ユダヤ》ト戦フモノナルガ、元来日本民族ハ猶太ト同一系統ノ「ヘブライ族」ニシテ、猶太ハ日本ニ反抗スルハ愚ナリト説キ、猶太恐ルゝニ足ラズト為スモノナルガ　我皇室ノ御祖先ハ「ヘブライ族」ノ渡来者ナラムトシ、又伊勢神宮ノ御神体ハ鏡ニ非スシテ黄金ノ甕《カメ》ナリト断定シ、且天孫御携行ノ三種ノ神器ハ御剣ト甕ノ二器ニシテ「ヘブライ王」所持ノ神器ト合致スルト説キ、或ハ我国紀元ニ異説ヲ為シ皇宮ノ尊厳ヲ冒瀆ノ惧《オソレ》アリ、其ノ他不敬ニ亘《ワタ》ル惧アル記述アル箇所多数アリタルニ因《ヨ》リ禁止。

しかし、この発禁本を絶賛する書評も一九三九年一〇月五日付『日本学芸新聞』で石川三四郎、同七日付『読売新聞』で井沢弘が執筆している。アナーキストの石川に至っては「文部省が先づ第一に推薦せねばならぬやうな本書が、何故に発禁になつたのか、常識では判断ができない」と、異例の検閲批判に及んでいる。こうした太古秘史の取扱いで、検閲当局の判断にも揺らぎがあったのだろうか。三種の神器と神武紀元に関する二か所（五頁分）を削り、一部に伏せ字を施した改訂版が三か月後に刊行されている。とはいえ、改訂後も天皇家は渡来したヘブライ族と明記してあり、右の「不敬」要件は十分に満たしている。特に第六篇「ユダヤと日本の関係——必要な附録」は注目に値する。中山は同書を人種主義者のヒトラーに「微笑をもつて」捧げる一方で、日中戦争は中国を操る英米とそれを支配するユダヤ人に対する闘いである、と反ユダヤ主義を展開している。

〔余は〕ユダヤが武力よりも日本民族の精神を先づ去勢せんとして、医学に教育に新聞雑誌《ジャーナリズム》に文学に映画に、あらゆるものに日本民族の堕落と退化を「文化」の名に於て行つて来たことに対し戦ひぬいて来た。

しかし、その数行後、中山はユダヤ人に日本への帰依を呼びかけている。この文脈ではナチ・ドイツからの迫害に対する同情さえも読み取れる。

日本こそユダヤが求めつゝあるメシアに非《あら》ざるか。来《きた》り心を改め、皇道を扶翼《ふよく》し、以て地球を宇宙の楽園となすに努めないか。

こうした反ユダヤ主義と親ユダヤ主義という正反対の主張をつなぐのは、「あらゆる民族の坩堝《るつぼ》」日本における天孫民族のユダヤ起源論である。

ユダヤ民族は早くから日本に渡来し、全く日本人の中にその血脈を没し去つて、たゞ多くの習慣と風俗を日本に残してゐる。いや更に露骨に云へば、日本民族の中心たる天孫民族は各種の点から、ユダヤ民族の兄民族であると推断される。

ここで中山は天孫民族(天皇家一族)の起源をスメル(シュメール)民族とする原田敬吾説、ヒッチト(ヒッタイト)族とする石川三四郎説、ヘブライ族とする小谷部《おやべ》全一郎説などを詳しく紹介している。中山説はそれをすべて包括する立場である。

余は諸先輩の研究を綜合して考へた結果、スメルもヒッチトもみな日本に渡来して先住民を形成し、最後にヘブライの正系が渡来して天孫族となつたとの断案に達した。

その断案から、青森県戸来村《へらい》(現・新郷村)にイエスの墓があること、京都太秦《うずまさ》の大辟《おおさけ》神社にある伊佐良井《いさらい》の井戸を渡来人・秦氏《はた》(ユダヤ系である秦《しん》の始皇帝の傍系)の遺跡とするなど、超古代史の「真相」を披露している。現代日本社会でユダヤ人との混血が人種的偏見から差別されない一例として、西園寺公望の秘書である原田熊雄男爵の例なども挙げている。原田の母方の祖父はドイツ系ユダヤ人技師である。

ユダヤ民族よ、お前達はどこへ行くのか。日本に和を乞はなければ、火星へでも去るの外はあるまい。火星へ行くロケットはまだ発明されて居らぬ。(略)ユダヤ民族よ悔い改めて日本に来れ。

こうした発想は、同書にも登場する安江仙弘《のりひろ》大佐の「フグ計画」(ユダヤ人満洲移民計画)などとも関連しつつ、戦時下における虚《うつ》ろな歴史意識として現出することになった。

ユダヤ陰謀論も日猶《にちゆ》同祖論も超古代史もそれ自体は珍しくないが、それらすべてを綜合してみせたところが中山の力業といえるだろう。

太古秘史の参加民主主義

こうした擬史の内容にはこれ以上立ち入らない。「偽史運動」全体における中山説の位置を長山靖生『偽史冒険世界』(一九九六)などで確認した上で、擬史の本文を直接読むほうがメディア・リテラシーの学習になるはずだ。むしろ、なぜ太古秘史がある種の知識人を夢中にさせたのかを、『我が日本学』初版の削除箇所からメディア流言の効果論として読み解いておこう。

> この〔神武紀元に誤差が生まれた〕理由について思ひを重ぬること多年であつたが、余は計らずも小谷部〔全一郎・日猶同祖論者〕の書〔『日本及日本国民之起源』〕を読んでゐる中《うち》に電の如く頭に閃いたものがある。それは日本紀元は、神武天皇の御即位ではなくて、天孫が神器を擁してヘブライの地を出発された時であるまいかと。即ち予言者エレミヤが活動したのは、紀元前六百三十年の頃であると推定されてゐるから、これが出国の紀元であり、これと神武天皇の御即位が混合して語り部によつて語り伝へられたものに相違ないと思ふ。これは元より余の独断であるが、ヘブライの神器が失はれた年代と、神武天皇の御即位の年代とが、大凡《おおよそ》一致するを奇とすべく、識者の研究を乞ふべく、こゝに一説を掲ぐる所以である。

メディア流言という概念は、こうした太古秘史の持続的発展を分析する際にも有効である。太古秘史がくちコミではなく、論文や著作で発表される文筆的な流言だからであり、その伝達者が主に文筆エリートとしての知識人であるためだ。中山は「電《いなずま》の如く頭に閃《ひらめ》いたもの」が「元より余の独断である」ことに十分すぎるほど自覚的である。その上で、「識者」に共同研究を呼びかけている。研究する識者とは、情報の受容者であるより伝達者、さらには創造者を志向する人間である。実際、私が読んだ『我が日本学』は京都大学「小西文庫」蔵本で、中山から元京都帝大総長・小西重直への贈呈本である。こうしたメディア流言は、彼らにとって他者と共有される歴史に、つまり究極的には世界史に自らを接続する知的な挑戦だったといえよう。この場合も、その内容が真か偽かはあまり重要でない。他者に了解可能な嘘は、それが了解されることですでに公共性を獲得している。清水も『流言蜚語』でこう書いている。

真か、偽か、事実に一致するか否か、このやうな問題は政治の大業に携はるものの第一に念頭に置くべきことではない。真偽を超えて生きてゐるものを捕へて、事実を超えたその価値と意義とを正しく生かすことが大切なのである。

内容の真偽にかかわらず、流言蜚語はそれが孕む「秘密」の共有により連帯感や信頼性を生み出す。また、マスメディアの一方的な報道とちがって、太古秘史のような少部数出版物で知的な読者はすべて潜在的な共同研究者であり、自ら主体的に物語の情報を追加／削除することができた。中山が満喫したであろう能動的な歴史への参加感覚は、その叙述の軽やかさから読み取ることができる。

だとすれば、こうしたメディア流言にのめり込めたのは素朴な一般大衆ではなく、批判的思考に慣れた知識人だったはずだ。同じような例として、「すめら世界興国の理論」（『実業之世界』一九四二年四月増大特輯号）を書いた大政翼賛会中央訓練所調査部長・藤沢親雄《ちかお》を挙げておこう。藤沢は東京帝大法学部を卒業後、国際連盟事務局員、日本エスペラント学会宣伝部委員、九州帝大教授など歴任した国際派知識人だが、ミュ（ムー）大陸や神代文字なども登場する「すめら世界」を大胆に展開した右論文は検閲当局から削除処分を受けている。神武天皇をスメル（シュメール）文化の再建者とみなす「スメラ学」知識人の活動の広がりについては、さしあたり森田朋子「スメラ学塾をめぐる知識人達の軌跡」（二〇〇五）に譲りたいが、彼らを「極右思想」のレッテルで片付けるべきではない。クロポトキン主義者の中山や、日中戦争勃発後に「エスペラント報国同盟」を結成する藤沢にとって、古代秘史は閉塞的な国家主義の現実を超えてグローバルな視界をひらくための知的コミュニケーション手段であった。「八紘一宇」という公定イデオロギーとも親和的な古代秘史を「不敬」として弾圧した検閲当局は、その「超」国家主義が「脱」国家主義へ反転する可能性を正しく読み取っていたのだろう。

流言蜚語は潜在的輿論

以上、二・二六事件を背景に書かれた清水幾太郎『流言蜚語』の検討を通して、この事件にまつわるメディア流言を読み解いてきた。危機状況は流言を伝達する個人を潜在的公衆とし、流言に接する人々の公的関心を強化する。流言は匿名、つまり無責任の情報でありながら、情報の不足を補って解釈する個人にとっては社会への参加感覚を体感できる契機となる。そこに流言蜚語を潜在的輿論、すなわち世論とみなし、参加民主主義の可能性を読み込む清水の巧みな言説戦略が確認できる。

「流言蜚語の数は輿論統制の強度の函数である」と、清水はいう。だが、流言蜚語が世論であるならば、統制の圧力はこの空気(世論)を圧縮した公的意見(輿論)を生み出すのではないか。敢えて言えば、それは尊皇を革命に反転させようとした北一輝の国家改造計画の危うさにも通じる政治算術の魅力を秘めている。次章で論じる戦時下のメディア流言を考察するために、清水の予言を最後に引いておきたい。

> 国家が如何なる程度に於いて信頼されてゐるかを最もよく示すものは、外国から流言蜚語が訪れた時である。愛人を真に深く愛するもののみが愛人に関する不利な風評を一笑に附するこ

とが出来るのと同じである。併《しか》しこのやうに深く愛する人が甚だ稀であるやうに、完全に民衆から信頼されてゐる国家もまた稀である。戦争に当つて流言蜚語を敵国に放つことが屢々《しばしば》用ひられ、相当の成果を収めることが出来るのも、凡《すべ》てそのためである。

「愛人を真に深く愛するもののみが愛人に関する不利な風評を一笑に附することが出来る」。清水は流言蜚語を国家と国民の感情的結合、つまりナショナリズムの試金石と見ていた。つまり、戦時とはその愛が試されるときであり、流言状況はその国民感情のバロメーターなのである。

ちなみに、科学的世論調査は二・二六事件の前年、一九三五年にジョージ・ギャラップのアメリカ世論研究所設立によって始まる。世論調査は大衆の政治参加を掲げたニューディール政治の中で「大衆の国民化」を強力に推進する力になった。政治への大衆動員がすすむ戦前日本でもアメリカの世論調査は大いに注目されていたが、戦前の日本でまず「大衆の国民化」をすすめたのはメディア流言であった。清水は流言と世論が機能的代替物であることを正しく認識していたわけである。

第5章

言論統制の民意

――造言飛語と防諜戦――

「心も武装せよ」(デザイン・岸信男，情報局ポスター，1942年7月，『日本のポスター史――Posters/Japan 1800's-1980's』名古屋銀行，1989年より)

ニュース紙からメモリー紙へ

「災後」記憶の風化という言説をあちらこちらで見聞きする。とはいえ、今年も3・11の新聞紙面に二〇一一年東日本大震災関連の記事は少なくない。その前日3・10には東京大空襲関連の記事も掲載されている。一九九〇年に東京都は「東京都平和の日条例」を制定しており、この日は「都民ひとりひとりが平和について考える日」とされている。先の大戦中、東京は何度も空襲を受けているが、特に一九四五年三月一〇日の絨毯《じゅうたん》爆撃は凄まじく、死者一〇万人以上、罹災者は一〇〇万人に達した。東北大震災での死者・行方不明者も関連死者を含めれば二万人を超えているが、こうした「記憶」報道で戦争被害の比較を絶する甚大さを読み取った戦無派世代も多かったはずである。

こうした3・10戦災と3・11震災という記念日の並びは、9・1関東大震災と9・2太平洋戦争降伏(国際標準の終戦記念日)の連続を思い起こさせるが、もちろん偶然である。しかし、こうした新聞《ニュース》ではない記憶《メモリー》の継承に新聞紙が果たしてきた役割は大きい。もしも「いま・ここ」に人々の関心を集約するインターネットだけの情報環境であったなら、私たちが震災や戦災に立ち戻って思考する契機はいまよりも格段に少なくなっていたはずだ。新聞紙は「世界史の秒針」としてニュース速報機能を追求してきたが、いまでは「日刊の年代記」のメモリー継承機能でその存在意義を高めている。

それゆえ、新聞紙の報道は「それが本来如何にあったか」(ランケ)を追究する歴史学の営みに接近してきた。歴史学とは過去の歴史記述を検証し更新する営みであり、そうした批判的な保守点検サービスを欠いた歴史をここでは敢えて「神話」と呼ぶとしよう。その意味では、新聞記事は歴史叙述の草稿なのだが、必ずしも新聞記者に歴史、あるいは「日刊の年代記」を書いている自覚があるわけではない。

まず本章で扱う戦時下のメディア流言との関連でいえば、新聞紙面の「誤報」や「捏造」のたぐいは今日よりも圧倒的に多かったという事実である。実際、戦前の新聞紙面に「与太記事」が含まれることは世間の常識であり、「新聞ダネ」はガセネタの意味でも使われていた。それゆえに今日ほど新聞の誤報が社会的に糾弾されることもなかった。つまり、「誤報」の悪影響が増大したのは、戦後に新聞の信頼性が向上したからにほかならない。あまりよい喩《たと》えではないが、悪びれたヤンキー(註・アメリカ人ではない)がつく一〇〇の「虚言」よりも、良心的な優等生が口にする一つの「憶測」のほうがはるかに有害だということである。同じ理由から次章で論じる朝日新聞誤報問題でも「詐話師」吉田清治の責任よりもそれにクレジットを与えた「クオリティ・ペーパー」の責任がはるかに重いとみなすことも出来る。それは、眉唾と割り引いて読まれている週刊誌やウェブと、その大半は正確な情報だと信用されている新聞やテレビと、いったいどちらが取扱い注意かという今日的な問題にもつながる。

流言の歴史研究が最も進んでいるのは、アジア・太平洋戦争期の戦時流言研究だろう。戦時下に海軍技術研究所が思想戦対策のために心理学者を集めて行った流言研究資料を分析した佐藤健二『流言蜚語』(一九九五)、「特高月報」など治安当局の史料を使って民衆心理の変化を論じた川島高峰『流言・投書の太平洋戦争』(二〇〇四)など優れた先行研究が存在する。政府や軍部が強調した「防諜」の目的では、外敵への機密漏洩の阻止がタテマエとしてあげられたが、銃後での流言抑止がホンネだったことは明らかである。以下ではメディア統制の側から戦時流言を再検討してみたい。

ここで改めて考えてみたいのは、「大本営発表」を裏付けなく掲載した戦時中の新聞紙面を果して国民はどの程度まで信頼して読んでいたかである。一九四四年一〇月の「台湾沖航空戦」報道は極端だが典型的な事例だろう。「空母十九、戦艦四等　撃沈破四十五隻」「敵兵力の過半を壊滅」と赫々《かくかく》たる戦果が報じられたが、実際は日本側が航空機三〇〇機以上を喪《うしな》ったのに対して、アメリカ艦隊の損害は空母一隻の小破、巡洋艦二隻の大破と軽微だった。

戦時下の報道を『暗黒日記』で批判的に観察していた評論家・清沢洌《きよさわきよし》は、一九四四年一〇月一六日に「捷報《しょうほう》に飢えている」人々が速報を求めて行列をつくる様子を書き付けている。翌一七日には久しぶりに目にした「史上稀な大戦果」(『朝日新聞』)への疑念を記録している。

一、日本側の損害は発表に一切触れていない。
二、敵の発表は、日本側に与えた損害を誇大に報じている。
ことである。将来、この辺の事情が明かになろう。海軍はその発表が大体に良心的であった。

清沢は同二七日の日記にも「国民は海軍側の発表は信用するが、陸軍のものに対しては疑う傾向が強い」と書いているが、自由主義者・清沢の海軍贔屓《びいき》が判断をいくぶん鈍らせていたようだ。だが、いずれにせよ一般国民にも大本営発表を「疑う傾向」は存在したのであり、「だまされていた」という戦争体験世代の証言をすべて鵜呑みにするべきではない。というのも、総力戦体制において軍部なり政府が国民に求めたのは「流言を分析批判し得る丈《だけ》の見識」だったからである。内閣情報部監修の時局資料『流言・デマの正体』(一九三七年一〇月二五日)は「取扱注意」の限定配布パンフレットだが、「内容を講演等の資料として利用せらるることは差支へない」とされていた。流言の危険性を「過ぐる関東大震災の当時を回想すると思ひ当たるもの」とした上で、流言のリテラシーが次のように「冷静な批判力」の基準として示されている。

流言やデマは元来何等の根拠のないもの、針小棒大に誇張されたもの、事実を歪曲せられたものであるから、よく検討して見ると何処かに矛盾撞着があるものである。故に之を冷静な批判力を以て相手の言ふ事を分析して見る事が必要である。
一、一体此のことは何処から出て来たものであらうか。
一、どこかに矛盾があり、インチキが含まれてゐないか。
一、生起し得る事実に比し針小棒大の点はないか、曲解の点はないか。
一、話の筋が通つてゐるか。
一、このデマや流言は経済的なデマか、軍機上のデマか何に属するか。
一、現在の国際情勢及社会情勢上かゝる事が起り得るであらうか、其の真実性は疑問なきや。

この批判的分析の枠組みは、今日のフェイクニュースに対しても十分に通用するものである。もちろん、こうした啓蒙宣伝を受けた日本国民が「大本営発表」ばかりを鵜呑みにしたとは考えにくい。受け手側の責任を考えることも、メディア流言に関するテーマ全体を貫く問題である。

「流言蜚語を造る人々」

前章で清水幾太郎による流言蜚語の法則「検閲の厳格さの程度と流言蜚語の量とは一般に正比例す」を紹介した。それは検閲の対象であるメディアの信頼度とも相関しており、「流言蜚語の量は公共メディアの信頼度と反比例する」とも言えるはずだ。日中戦争勃発後のジャーナリズムに流言蜚語が氾濫したことを指摘した上で、平形市蔵は「流言蜚語を造る人々」(一九三八)でその影響をこう評している。

巷間《こうかん》伝はるデマの発電所はインチキな記事(新聞、雑誌内報)や、根もない話が幾人か集まる雑談から泡のやうに飛び出すことが多い。それであるから泡のやうに消えるべき性質のものながら、時々意外の影響をもつこともある。

「流言蜚語を造る人々」とは当時の人気ジャーナリストの総称である。その典型と平形が名指すのは、和田日出吉である。和田は「大森山人」名義で一九三四年一月から『時事新報』に「番町会を暴く」を連載し、贈収賄スキャンダルを煽り立てた。世にいう「帝人事件」だが、起訴された全員が無罪となっており、現在では倒閣を目的にした「司法ファッショ」のフレーム・アップとする評価が定着している。この虚報スクープを素材に、新聞記者「森田」(大森＋和田)が活躍する社会小説『人絹』(一九三五)も発表した。このベストセラーで名を挙げた和田は、『中外商業新報』(現・日本経済新聞)の社会部長へ栄転している。二・二六事件では昵懇の間柄だった首謀の栗原安秀中尉と一緒に首相官邸に入り、叛乱将校からの直接取材に成功している(「二・二六事件首相官邸一番乗りの記」『中央公論』一九三六年八月号)。だが、こうした型破りな記者活動も日本国内ではむずかしくなっていった。和田は『二・二六以後』（一九三七）に収録した「スパイ政治」で、言論の不自由化とデマの増大をこう説明している。

言論の〇〇〇〇〇〇（取締法強化に）正比例して、所謂怪文書は多いのである。われらは五・一五事件以来、怪文書の横行に悩まされてゐる。怪文書の中でも、全く為めにするデマも多いであらうが、知識的欲望の対象として出され、或は語られる真相もずい分多いと聞いてゐる。

怪文書も新聞記事も和田にとって読書階級の「知識的欲望」に応える一点で等価だった。前章の擬史と同じく、怪文書の読者も一般の新聞読者に比べて教養や知識量が乏しいわけではなく、むしろ怪文書は「知識的欲望」をもつインテリ層に好んで読まれた可能性が高い。

和田は一九三八年、満鉄総裁・松岡洋右に乞われて『満洲新聞』（大新京日報を改称）の社長となり、さらに満洲映画協会（満映）常務理事を兼任している。今日では再婚相手である女優・木暮実千代（本名・和田つま）の評伝に登場するぐらいだが、「非常時日本」を象徴する有名記者の一人だった。

さらに平形は「流言的風格の持主」として大宅壮一、高田保、木村毅という『東京日日新聞』（現・毎日新聞）の社友トリオ、元朝日新聞記者で『東京毎夕新聞』外報部長をつとめた早坂二郎、『実業之世界』社主の野依秀市など著名ジャーナリストを列挙している。早坂二郎はアメリカの拝金ジャーナリズムを批判したアプトン・シンクレア『真鍮の貞操切符』（一九二九）の訳者でもある。

誤報関連で平形が取りあげた実例は、野依秀市発行の『帝都日日新聞』が南京陥落に際して「東京陥落」と誤植した大失態である。野依は翌日の紙面に「昨日東京《トンキン》陥落とせしは南京陥落の間違ひ」と、わざわざ「トンキン」のルビ付で釈明記事を掲げた。「誤植訂正にまでかうした口実をくつつける事程左様にデマ性は発達してゐるものかと驚く」、と平形も呆れている。うわさ話はもちろん誤植・誤報まで商品化した「野依ジャーナリズム」の破天荒さは比較を絶していた（佐藤卓己、二〇一二）。確かに彼らの文章は抜群に面白いが、当時から眉に唾をつけて読むべきものだと世間一般でも考えられていた。

流言蜚語から造言飛語へ

流言蜚語を「近ごろではデマともいふ」、さらに「日本の当局では、「造言飛語」といふ新語もあつた」と、平形は書いている。戦前の流言は、まず戦後の軽犯罪法に相当する警察犯処罰令の流言浮説罪（第二条第一六号）で取り締まられていた。「人ヲ誑惑《キョウワク》セシムヘキ流言浮説又ハ虚報」の罰則は、「三十日未満ノ拘留又ハ二十円未満ノ科料」である。また、相場の変動などを意図する「虚偽ノ風説ヲ流布」（取引所法第三十二条ノ四）は「二年以下ノ懲役又ハ五千円以下ノ罰金」と規定されていた。流言浮説罪や風説流布罪よりもさらに重罰なのが、陸海軍刑法の造言飛語罪である。平形は「新語」と勘違いしたようだが、その言葉自体はすでに一八八一年制定の陸海軍刑法で登場している。海軍刑法第百二十七条も類似だが、摘発例が多い陸軍刑法第百十一条を引いておこう。

軍人敵前軍中若クハ臨戦合囲ノ地ニ在テ造言飛語ヲ為ス者ハ一月以上一年以下ノ軽禁錮ニ処シ将校ハ剥官ヲ附加ス

この条文は軍人という「身分」、敵前軍中という「場所」、臨戦という「時間」に制限があり、平時の国民一般を対象とするものではなかった。しかし、一九〇八年の改正で、「戦時又ハ事変」であれば新聞雑誌の記事なども摘発の射程に入っていた。だが、平形が〝造言飛語〟を「新語」と感じたのは、その適用例が一九三八年までは乏しかったためだろう。それ以前では二・二六事件を「事変」とみなして、軍刑法の造言飛語罪が適用された事例がある程度だった。しかし、一九三七年七月一一日の閣議決定で盧溝橋で勃発した日中衝突が正式に「事変」と認定されると、造言飛語罪は俄然注目されることになった。同年八月一一日付『東京朝日新聞』夕刊は「流言に軍刑法」の見出しで、検察当局と憲兵隊の協議により「流言の内容がいやしくも軍に関する場合は仮借《かしゃく》なく軍刑法を適用してドシ〳〵処罰する」との方針が承認されたことを報じている。これ以後、軍事警察である憲兵隊が一般治安警察の領域だった流言対策に深く介入することになった。だとすれば、

「流言蜚語」から「造言飛語」への変化は、平時と戦時の境界を消し去った総力戦体制成立の画期とみなすことができる。

司法省はこの事態に対応すべく、「造言飛語の調査研究」を思想特別研究員・西ケ谷徹検事に命じている。その報告書「支那事変に関する造言飛語に就いて」(一九三八)は大変興味深い資料である。大胆にも西ケ谷は冒頭で「本報告自体が一種の造言飛語に過ぎざることを自認して居る」と開き直り、「清水幾太郎氏著、流言蜚語から有益なる教示を受けた」と謝辞を記している。この思想検事が清水の著作から学びとったのは、流言蜚語を「潜在的輿論」として評価する視点だろう。さらに言えば、真偽の事実認定よりもその影響力の大小を考量する清水のメディア論である。それが造言飛語を「事実報道の一形態」として扱う西ケ谷の解釈を支えている。ちなみに、西ケ谷も清水と同様、米騒動や関東大震災の流言現象を幼年時の体験として記憶する世代だった。

> 米騒動がある種の流言に依つて直接の原因を与へられ、大震災に於ける朝鮮人襲来の流言に依り、幾多の流血の惨事を惹起せしめられたこと等吾人の記憶に新たな処である。

いわば「大正デモクラシー世代」の西ケ谷は結語において、造言飛語罪の拡大適用に対しては堂々たる反対論を展開している。

行き過ぎたる報道の統制、行き過ぎたる言論の圧迫は更に造言飛語の発生に適当なる地盤を作るのみである。造言飛語に対する対策は先づ其の発生に適当なる地盤を除去することから始められねばならない。之は即ち国家及軍隊に対する国民の信頼を確立することである。（略）事実の真相に対するある程度の推測は自由である。真相に反する事実の報道を全部造言飛語となすに於ては国民は軍事に関し何等の思索を許されざることゝなり其の不満反感は却つて憂ふべきものであらうと思はれる。造言飛語の対策として最も拙劣なものである。

この西ケ谷の懸念どおりに、日本政府が「最も拙劣な」対策に突き進んだことはその後の歴史が示すとおりである。

「支那事変に関する造言飛語に就いて」

西ケ谷報告の具体的な内容を確認しておこう。検察も特高も憲兵もすべて黒一色で染め抜くファシズム理解より、治安システムに微妙なグラデーションを読み取る作業の中でこそ、言論統制の実態は明らかになる。西ケ谷は緒言《しょげん》で支那事変の「思想戦」的な特異性を強調している。「〔中国側は〕事変勃発以来、海外通信、ラヂオ、新聞、陣中に宣伝ビラの撒布、飛行機に依る我国内への宣伝ビラの撒布等あらゆる方法を用ひて吾国に不利なる事項を宣伝して居る」という現状認識であり、特に「南京放送局の放送等を聴取し之を資料として造言飛語を為したるものも多数に存在する」と指摘している。

中国側からの「謀略放送」はすでに満洲事変直後から開始されていた。南京の中央広播電台(XGOA)は一九三二年一一月一三日から日本放送協会福岡放送局と同じ周波数六八〇キロヘルツを使用して毎晩午後七時半から約一〇分間の日本向け日本語放送を開始した。九州地方では混線が発生し、同一一月二三日付『東京日日新聞』は「聞き捨てならね毎日の怪放送」と報じている。さらに同二五日付では日本人女性アナウンサーを「祖国に弓ひく女」と批判し、二七日付けで「植木ますえ(四十歳)」と姓名と年齢を暴露した。

日本政府の抗議により一九三三年九月一日に中央広播電台が周波数を変更して混信は解消したが、南京の中国語放送を日本で聴く者も少なくなかった。一九三五年四月一五日付『東京朝日新聞』は当時「南京の鶯」と呼ばれて人気を博した劉俊英との会見記を掲載している。『NHK福岡放送局史』によれば、日中戦争が始まると、南京からの日本語放送も再開され、日本国内にも深刻な影響を与えていた。

南京放送は日本人捕虜の氏名を毎日放送し、はては本人をして日本に呼びかけさせる始末であった。福岡県内に困惑とろうばいに泣く軍人家族もあらわれてきた。それかといって表沙汰にもできず、デマだけが乱れ飛ぶのであった。

日本放送協会が対抗放送を開始したことは、一九三七年七月一四日付『東京朝日新聞』が「〝出鱈目〟を撃滅――AK・国際放送に挑む」で伝えている。同年一二月南京が陥落すると、国民党中央宣伝部国際宣伝処の対日科による日本向け放送は漢口から継続された。この女性アナウンサーが反戦エスペランティストの長谷川テル(本名・照子、ペンネーム・緑川英子)であることを、一九三八年一一月一日付『都新聞』は「〝嬌声売国奴〟の正体はこれ　流暢・日本語を操り　怪放送　祖国へ毒づく〝赤〟くづれ長谷川照子」の見出しで暴露している。

逆にいえば、こうした新聞記事の存在は「敵国放送」に人々が関心を抱いていたことを裏付けている。中国側の対日宣伝放送は「帝国主義的侵略戦争反対」を訴えたが、この内容を他人に語った場合にも造言飛語罪は適用されるのか。西ケ谷検事はそれを慎重に検討している。

自分は支那事変に反対だ、或ひは戦争は嫌だ、軍隊に行くのは恐ろしい、日本が支那事変で負ければよいと思ふ等の放言は明かに意見のみであつて造言飛語と認め難いと思ふのである。

つまり、ただ「戦争反対」と意見を表明するだけであれば、たとえ厭戦気分をそそるものであっても造言飛語罪とは認められない。この戦争が「帝国主義的」「侵略」であるという「真実性を具備せざる事実」の表明でなければ、造言飛語とは認定できない、というのである。造言飛語罪は不事実性と有害性を認定要件としており、「主観的悪意」のみで処罰の対象とはしていないとも主張している。他方で、それは造言飛語罪が事実報道の有害性によって、「犯人の主観的認識を問はぬ」まま立件できる可能性も示唆している。

主観的認識が問われない有害性により、「小説の形式を取る造言飛語」も立件されていた。その事例として、石川達三が『中央公論』一九三八年三月号に発表した小説「生きてゐる兵隊」を西ケ谷は取りあげている。南京事件を描いたこの小説は造言飛語罪として検事局に送致されているが、担当検事は「小説は既に想像に基く一種のフィクションなることを標榜し其の内容が真実に非ざることを表示してゐるものであると云ふことを考慮し」、新聞紙法違反(安寧秩序紊乱)のみで起訴していた。作家の主観的認識を問わないのは新聞紙法も同じだが、西ケ谷は「小説は矢張り実在の事実を報道する性質を有するもの」であり、石川には造言飛語罪を適用すべきだと考えていた。ちなみに、『生きてゐる兵隊』のエスペラント訳は〝嬌声売国奴〟長谷川テルの手で一九四一年六月に中国で刊行されている(高杉一郎、一九八〇)。

「南京事件」に関する従軍将兵の談話で発生した造言飛語罪としては、一九三八年八月二六日に禁錮三か月（二年間執行猶予）の判決を受けた小林末造（二六歳・日傭《ひやとい》）の事案が検討されている。

上海附近ノ戦争ニ於テ我軍ハ支那兵約二万ヲ捕虜トシタルガ之ヲ全部機関銃ニテ射殺シ死体ハ揚子江ニ流シタル旨自己ノ伝聞ニ想像ヲ加ヘテ伝唱ス

それは小林が病院で傷病兵から「南京攻略の際、敵兵約一万七千人を捕虜となしたる旨申聞かされ」たことに起因するという。こうした事例を検討した上で、西ケ谷は「公正迅速なる報道」の必要性を訴えている。

清水幾太郎氏の言を借りれば、造言飛語は国家を審《さば》くものであり国家を試《た》めすものであると言へるであらう。（略）国民の国家に対する信頼は即ち報道機関に対する信頼であると云ふことが出来る。国内の報道機関に対する社会的信頼の薄弱な国家は有害な報道の横行に依り破滅を来すであらうと思はれる。

「国家に対する信頼」と「報道機関に対する信頼」を同一視することには異論もあろうが、信頼できる報道機関を欠いた国家を信用するものはいないはずだ。その上で、次のような正当なヤラセ批判を有害な造言飛語と認定した判決に対しても、西ケ谷は異議を唱えている。

ニュース映画等を見ると日本兵が背嚢《はいのう》を背負つたり、日章旗を銃の先に附けて進軍して居るが、あれは嘘で背嚢等は三千米《メートル》も後方へ置き、日章旗も附けて行けば集中射撃の目標になるから持つて居るものではない。ニュース映画等は銃後の者に見せる宣伝である。

なるほど、ニュース映画の突撃シーンにそうした演出は少なくない。これを「宣伝」と見抜く映像リテラシーこそ、国際宣伝戦で国民が身につけなければならない能力ではなかったか。宣伝戦を連呼しながらも、日本政府は有能な「プロパガンダ戦士」育成に本気で取り組む気があったようには見えない。そうした情報リテラシーの必要性に対して西ケ谷も十分には理解できていなかったようだ。たとえば、次のような至極まっとうなメディア論を「報道機関の信頼に値せざることを言外に含む」造言飛語と認定している。

新聞やラヂオで日本が勝つて許り《ばか》居ると思つて居るのは馬鹿だ。新聞やラヂオは本当のこと許り云ふものではない。出鱈目《でたらめ》や「チク」(嘘の意)もある。国民の力を落させぬ為に都合のよい事ばかり宣伝して居るのだ。支那のラヂオや新聞は支那軍が勝つて居ると宣伝して居る。一方の新聞やラヂオ丈《だ》けで其の通りだと思つて居るのは馬鹿だ。

総力戦は自主的に戦争に参加する国民主体を必要とする。総力戦の一側面である宣伝戦においては、情報を自ら分析する能動性が国民に不可欠なはずである。そうしたアクティブ・オーディエンスが自国メディアに対しても批判的な視線を向けるのは必然であり、それを禁じることなど不可能である。しかし、これは思想検事の限界というより、「心も武装せよ」（本章扉図）と銘打つ情報局ポスターでさえ、「防諜」、すなわち「見ざる・聞かざる・言わざる」の消極的情報行動だけを強調した日本における総力戦体制の限界だったと言えよう。

「宣伝人」を育てない言論統制

日中戦争勃発から日米開戦までの四年五か月間に検事局で受理された「不穏言動」事件の統計がある（図5-1、ただし流言浮説は軽犯罪として警察で処理されたため含まれていない）。社会主義者の反戦言説は従来どおり治安維持法違反で処理され、陸海軍刑法違反がこれに次いで多い。西ケ谷検事が厳密な運用を求めた造言飛語罪を「出来る丈広く且寛《かつゆるやか》に解釈して事件が処理されて居た傾向があつた」、と林善助（熊本地裁判事）は「支那事変下に於ける不穏言動と其の対策に就て」（一九四二）で総括している。

また、長期戦の下で流言対策の戦時立法は強化されていった。主に革新派右翼の印刷物を取り締まった不穏文書臨時取締法（一九三六年六月一五日施行）に加えて、経済上の混乱を射程に入れた刑法第百五条の三（人心惑乱罪）、スパイ防止の目的罪を念頭に「治安ヲ害スベキ事項ヲ流布シタル者」を罰する国防保安法（一九四一年五月一〇日施行）、最終的には日米開戦の二週間後、「時局ニ関シ造言飛語ヲ為シタル者ハ二年以下ノ懲役若ハ禁錮又ハ二千円以下ノ罰金ニ処ス」と規定する言論出版

處理別／犯罪別	受理人員	起訴人員
治安維持法違反	三、四五一	一、二二九
刑法不敬罪	二二三	五二
不穩文書臨時取締法違反	二四	一五
出版法違反（安寧秩序妨害、皇室尊嚴冒瀆及發賣禁止出版物頒布）	六一	一三
新聞紙法違反（安寧秩序紊亂、皇室尊嚴冒瀆及發賣禁止新聞紙頒布）	一〇六	三四
陸海軍刑法造言飛語罪	一、五二六	四二七
刑法第百五條ノ三ノ罪	二四	一〇
國防保安法第九條違反	一	―

図 **5-1**　不穏言動事件の処理内訳（1937 年 7 月～1941 年11 月，『思想研究資料』特輯第 98 号）

集会結社等臨時取締法(一九四一年一二月二一日施行)が成立した。これにより軍事との関連を問わず流言も風説もすべて「造言飛語」として重罰を下すことが可能になった。

この間、西ケ谷徹検事は思想犯罪調査のため一九四一年二月から一年半ベルリンに調査派遣されていた。帰国後、司法研究所指導官となった西ケ谷はゲシュタポ(秘密国家警察)や強制収容所での見聞を、文部省教学局での講演「戦時下ドイツに於ける思想対策」(一九四二)で語っている。第三帝国における共産主義者の抵抗運動を「私語戦術」、すなわち「口から口へいろ〳〵デマを伝播させて、不平不満を煽動する」やり方だと分析した上で、「これが亦《また》取締に一番困る点だ」というナチ当局者の言葉を紹介している。もちろん、そうした「私語」をゲシュタポや親衛隊保安情報部は密かに収集し、膨大な「民情」報告書を作成していた。それはファシズム体制もまた民意に依存する世論民主主義システムであることの証明とみなすこともできる。ちなみに、西ケ谷は戦後も検察官、弁護士として活躍を続けた。

戦意と流言の逆相関

一九四一年一二月八日、日本軍は真珠湾攻撃により対米英開戦に踏み切った。すでに四年間も戦争を続けて勝利の見えない中国大陸での「支那事変」は、太平洋戦線を含む「大東亜戦争」に拡大された。対米英開戦はとても合理的な判断ではない。そのため、敗北必至の開戦に対する責任論が接触はますますメディア依存を圧倒的に高めており、大半の流言がメディア流言となっている。それでもことさらに「メディア流言」という概念にこだわる理由をもう一つ挙げれば、それが「正しさを規範とする広告媒体《メディア》」と「あいまいさを本質とする流言」の複合、すなわち「表面的に正しく、本質的にあいまいなメッセージ」をリアルに表現しているためである。マスメディアはいまも客観的事実を正しく伝えるものとして一般に受け取られており、その信頼度が高いゆえにそれが伝える情報には影響力があると考えられている。口伝えやSNSへの書き込みでさえ、その信憑性を高めるためには「友人の新聞記者によれば」とか、「テレビ局にいる知人に聞いたのだが」というフレーズが使われることがいまだに多い。

もちろん、公共メディアが「マスゴミ」とあざけられる今日のネット空間だけでなく、新聞報道への不信が事実認識の共有を阻害した例は古くから存在する。たとえば、アーサー・ポンソンビー卿の『戦時の嘘』(原著、一九二八)には、メディア流言と化した第一次大戦下の新聞記事が数多く記録されている。ドイツ軍の野蛮さを訴えるためにイギリスの新聞が捏造した残虐記事の多くが戦後に「作り話」であると判明したため、第二次大戦中のユダヤ人に対するナチの蛮行も、それを話半分に受け取る読者は少なくなかった。ホロコーストの存在を疑問視する歴史修正主義者が、今日でもイギリスで跡を絶たない理由の一つと言えよう。いずれにせよ、古き良き時代の書物や新聞がフェイクニュースと無関係なメディアだったとは言えないのである。

布」(金融商品取引法第一五八条)、あるいは「虚偽の風説」(信用毀損罪、偽計業務妨害罪)は犯罪である。こうした刑法上の用語とは別に、マスメディア報道が拡散する流言の経済的損失を指して「風評被害」と呼ぶことも一般的である。

「人のうわさも七五日」ということわざもあるように、うわさには一過性のニュアンスが強い流言、ゴシップ話、風評などがある一方で、持続性の高い陰謀論、擬史、都市伝説などもある。時系列的変化を分析するメディア史の研究対象は後者になることが多いが、前者についてもその記憶の変遷を分析することは可能である。流言の分析でメディア論が有効な理由は、一般に流言の真偽はその内容から受け手が判断できる場合は少なく、多くは情報発信源の信憑性の度合いによって判断されているためである。メディア流言という概念は、「メディアはメッセージである」(マーシャル・マクルーハン)を絶えず意識させるためにも有効である。

人々の間に広く流布した情報という結果において、流言のメディア論は世論やプロパガンダの研究と不可分だった。戦時期のアメリカで成立した流言研究を紹介する論文において「流言とマス・コミュニケーションを区別する本質的な違いはほとんど何もない」ことは、早くから指摘されていた(木下富雄、一九五九)。

メディア流言とマス・コミュニケーションの連続性については、本書の終わりで立ち戻りたい。それにしても、インターネット上の広告媒体(メディア)であるＳＮＳの普及により、私たちの情報果をもたらす流言」の可能性を否定しないため、敢えてうわさと流言を区別しない。だが一般の会話で「悪いうわさ」と言うことはあっても「悪い流言」はほとんど使われない。うわさはともかく、流言が悪いのはあたりまえとされているためだろう。

流言の内容が結果として「正しい情報」だったという場合も少なくないが、流言研究においても主に「誤った情報の悪影響」の実例研究が重ねられてきた。それは流言研究が情報統制と不可分であり、「正しい情報の悪影響」という逆説が教育的・倫理的に回避されてきたためだろう。そのため、日常的な会話では虚偽ないし誤報とみなせば「流言」、真実だと信じれば「情報」と呼ぶことが多い。「誤情報」という言葉はあっても「正情報」が使われないように、「情報は正しい」という前提で情報は語られている。もちろん、これはあるべき規範的な情報の理解であって、現実の情報処理において真偽の識別は容易ではない。多くの場合、情報と流言の区別は主観的な価値判断によって行われている。

真実を伝える反体制メディアも「怪文書」として弾圧されるように、「正しい情報の悪影響」という議論は体制側に言論統制を推進する根拠を提供する。実際、戦前日本における二つの検閲基準、安寧秩序紊乱《ぶんらん》と風俗壊乱では、有害と認定されれば事実であっても削除や発禁の対象とされた。その意味では、流言は「反体制情報」とみなすこともできる。

また、現行法で処罰対象となるうわさは「風説」と呼ばれ、相場変動を目的とした「風説の流であり「流言」であるため、本書で使う「メディア流言」は重複表現――「昼食のランチ」や「新しいニューメディア」など――のように受け取られるかもしれない。しかし、以下で分類するくちコミの流言と区別して、新聞・雑誌・ラジオ・テレビ・インターネットなど広告媒体（メディア）で伝達される「あいまい情報」を特にメディア流言と呼ぶことにする。

本書では社会心理学者が行う厳密なうわさ／流言の定義は必要としないが、一応の整理だけはしておきたい。うわさ（うはさ）の語源は、上辺《うわべ》、皮相を意味する接頭語「うは」を話題や知らせを意味する「沙汰《さた》」に重ねた「うはさた」の省略形とされている。すなわち、根拠がはっきりせず、真偽の確証がむずかしい情報であり、先行研究では基本的な情報径路である口伝え、いわゆる「くちコミ」に焦点が当てられてきた。うわさ（hearsay）は有害性の度合いが高い順にデマ（demagogy）、陰謀論（conspiracy theory）、流言（rumor）、ゴシップ（gossip）、都市伝説（urban legend）などに大別できる。うわさは自然発生的で自由な情報と解される場合が多いが、必ずしもそうではない。インフォーマル（非公式）な「知的チューインガム」であるゴシップ、オチ（ストーリー性）のある民間伝承である都市伝説はともかく、デマや陰謀論は悪意をもった捏造情報、流言は善意の場合を含めて結果的に悪影響をもつ情報とみなされがちであり、自然発生的とは言えない。むしろ、うわさは公式のチャネルでは伝えられないニュースであり、内容においてはニュースそのものと理解すべきで、病理的現象としてその根絶を期待しうるようなものでもない（シブタニ、一九八五）。本書も「よい結も十分に話の筋は通る文章になってしまうことが問題なのである。

つまり、ニューメディア有害論とはどんなメディアについても当てはまる万能薬の如き議論なのである。多くの読者は「何にでも効く薬」の広告とあれば、まず懐疑心を抱くはずだ。しかし、万能の有害メディア論には簡単に引っかかる。こうした議論の虚構性を見抜く眼識を養うためにもメディア史的思考は必要なのである。右に紹介したメディア有害論も典型的なメディア流言である。

というのは、一般の生活者が社会の変化を最も敏感に感じ取れる表象がニューメディアだからである。その有害論は伝統的な生活習慣に固執したい年長世代が抱く変化への違和感を正当化してくれる。科学技術の発展や進歩そのものに公然と反対を表明する人は少ない。しかし、それがもたらす生活の変化に反発する心情は年長世代の多くに共有されており、それがニューメディア有害論の受け皿となる。さらに言えば、広告市場に新規参入するニューメディアに対する既存メディアの経済利害も、そのメディア流言の拡散に大きく寄与している(第1章で扱う「火星人来襲パニック」は新聞が広めたラジオ有害論である)。

「メディア流言」とは何か

フランスの社会学者ジャン＝ノエル・カプフェレは、うわさ／流言を「もっとも古くからあるマスメディア」と定義している(カプフェレ、一九九三)。その定義に従うなら、うわさは「メディア」

識格差は可視化されなかった。

・しかし、書物は違う。オリジナリティーとか著作権とかの屁理屈を並べ、知識やデザインにまで財産権を主張している。そうした悪の象徴が個人蔵書である。自らの知識量をひけらかすためだけに書物を私有する愛書家たちは「知の守銭奴」であり、社会的平等など一顧だにしない。許しがたい差別主義者である。

・読書脳のフリークどもが変態の差別主義者であっても、ごく少数ならば仕方のないことだ。病気なのだから。真に脅威なのは、こうした読書人の受動性が世代を超えて拡大し、デジタル社会をシニシズムで汚染することだ。私たちはＳＮＳで双方向の対話型コミュニケーションを身につけた能動的な市民である。

・私たちは出会い系サイトにも挑戦し、匿名掲示板に毎日書き込む参加型の公共生活を営んできた。しかし、読書人はただ他人の思考を書物でなぞるだけで、街頭に出て誰かに語りかけようとはしない。健全で平等な情報社会を守るためには、若者の書物閲読を制限し、私的所有を禁じることが喫緊の課題である。

お気づきのように、この一四〇字の連続ツイートの内容はテレビやゲーム、ケータイに対してこれまで言われてきた有害論をかき集め、その対象を書物に置き換えただけの創作文である。それで

•書物は五感を鈍らせ、生活から活力を奪っている。色鮮やかで躍動感あるデジタル映像の伝統に育まれた感性は、白黒だけの退屈な活字では満足できない。脳全体をフル稼働させるデジタル文化に対して、読書中の言語処理で利用される脳領域はわずかであり、子どもたちは恐るべき〝読書脳〟になってしまう。

•コミュニケーション力の発達を阻害する書物こそ、青少年の「引きこもり」の最大要因である。驚くべきことに、一日何時間も個室にこもって書物を読んでいるのだ。特に若者に人気の「教養小説」は観念的で異常な性欲を亢進させて、モニター画面に映る正常で素朴な異性愛への適応不能を引き起こしている。

•また、図書館などという悪場所に通いつめ、問題行動を起こす若者も少なくない。楽しいおしゃべりが絶え間なく続くSNSの社交空間を拒絶して、不気味な沈黙が支配する公共空間で書物を読んでいるのだ。こうした消極的な行動様式の広がりが、現在深刻な少子化の一因であることはいうまでもないだろう。

•それ以上に恐ろしいのは、書物が格差社会化を加速させていることだ。伝統的なデジタル文化では思想や感情の創作的表現物はコモンズとして自由に活用され、知的財産権の主張は社会的に抑制されてきた。ウェブ上の知的創作物はフローな状態のままで私的にストックされず、知一八世紀ドイツの若者が熱中した『若きウェルテルの悩み』は年配者に敵視されたわけだが、今日この著作は教養小説の古典として名高い。同じように、我が国でも明治期には小説が不良化の温床として批判され、大正期には映画、昭和期にはテレビ、そして平成に入ってからはケータイやネットが、青少年への悪影響を理由に糾弾されてきた。いずれも聡明とはいえない猜疑心からの俗論であり、メディア史的思考を欠いた偏見である。こうした悪しき因習を取り除くため、以下のような思考実験を私は提唱している。

サイバー・ノマドの「つぶやき」

まず、書物よりもＳＮＳが先に普及した「未開社会」を考えてみよう。たとえば、工業化を経験せずに情報化した遊牧社会である。そこには学校も新聞も書籍もなかったが、経済のグローバル化でスマートフォンがまず普及した。ＳＮＳを駆使する遊牧民《ノマド》の社会に、ニューメディアとして書物が出現したとしよう。

スマホのような伝統メディアに無関心な「新人類」たちは目新しい紙の書物に熱中する。さらに、書籍というニューメディアの蒐集《しゅうしゅう》を始めるオタク、出版業というベンチャービジネスに乗り出す起業家も現れた。ＳＮＳの伝統的環境で育った年配のノマドはこの事態に驚愕し、若者を告発する「つぶやき」をツイッターでこう連投していた。

か。まずこの事件から考えるべきは、SNSを積極的に利用した自殺志願者への支援策だろう。

数年前のことだが、臨床心理学分野の講演会に講師として招かれたときの出来事を思い出した。私の前に基調講演をした著名な評論家は、いじめ・犯罪の温床となる子どものスマートフォン利用を即刻制限すべきだと主張した。「毎年、これで何人も自殺者が出ているのです」。さすがにメディア研究者として私は黙っておれず、自分の講演であえて挑発的にこう述べた。「本を読んで自殺した人の数のほうがもっと多いのではないだろうか」

メディア効果研究では「ウェルテル効果」がよく知られている。それは「ドイツ文学史上、初のベストセラー」として有名なヨハン・ヴォルフガング・フォン・ゲーテ『若きウェルテルの悩み』(一七七四)に由来している。同書は各国語に訳され、主人公ウェルテルをまねた自殺者が続出したことでセンセーションを引き起こした。そのため、この小説はザクセン王国、ハプスブルク帝国などで発禁処分になっている。

一般に「ウェルテル効果」とは、マスメディアで自殺が大きく報道されるほど自殺率が上がることを意味している。アメリカの社会学者ディビッド・フィリップスはアメリカの自殺統計と『ニューヨーク・タイムズ』第一面の自殺記事数の相関を分析して、報道が自殺率に影響すると主張した。ここで重要なポイントは、ウェルテル効果が「報道」の影響を問題にしており、「書物」や「新聞」といった個別メディアの有害性を示す仮説ではないということである。

それにしても、猜疑心がもっぱらSNSなどニューメディアに集中的に向けられている現状においては、まずメディア史的思考に立ち戻ることこそ必要だと私は考えている。果たしてSNSのデジタル情報より印刷メディアのアナログ情報を信頼する態度に陥穽《かんせい》はないのだろうか。

SNS有害論とウェルテル効果

たとえば、二〇一七年一〇月に発覚した座間九遺体事件のマスコミ報道で見られたSNS批判である。白石隆浩被告（当時二七歳）はツイッターで自殺願望のある女性に「一緒に死のう」などと呼びかけ次々と殺害していた。こうした猟奇的事件が起こると、毎度のことだが有害メディア論を声高に唱える評論家がテレビのワイドショーなどに現れる。曰く、「SNSがなければ事件は起こらなかったかもしれない」「自殺や犯罪につながる危険性を孕《はら》むSNSへの青少年のアクセスは、もっと厳しく取り締まるべきだ」。新聞紙面でも規制強化を促す解説記事が目立った。たとえば、「過去に社会問題化したネットの「自殺サイト」などに代わり、SNSが自殺や犯罪誘引の温床になりつつある」（二〇一七年一一月一日付『毎日新聞』）。

本当にそうだろうか。SNSがなかったとして、今回の被害者たちの悩みを親身になって聞いてくれた隣人はどれくらいいただろうか。リアルな人間関係で自殺の悩みを口にすることは至難である。現実に彼女たちの「つぶやき」に反応してくれた人はSNSの中にしかいなかったのではないマーク・トウエーンが、「真実が靴の紐を結ばぬうちに、虚偽のニュースは世界を一周してしまふ」といつてゐるやうに、新聞の虚報が常にその取消よりもスピーデイーに世界に流布すること、更に、一度プリントされた以上、結局何ものかは後に残る、といふのがこれ等通信社の虚報製造のつけ目である。たとへ訂正要求、取消、その他の障碍《しょうがい》が起つたとしても、報道の迅速と競争といふ理由のために、各新聞社はニュースの真偽を確かめる余裕がないので、自由主義的な新聞は、無批判にこれ等通信社の製造せる虚報を掲載してしまふのである。

これほど虚報の効果を「聡明な懐疑心」をもって分析できる五城が、なぜ典型的なメディア流言ともいうべきユダヤ陰謀論に入れ込んでしまったのか。知識や理性だけでフェイクニュースを見破ることができると考えるべきではないようだ。それ以上に強調しておきたいのは、小説家マーク・トウェイン（一九一〇年没）の警句、「真実が靴の紐を結ばぬうちに、虚偽のニュースは世界を一周してしまふ」が第一次世界大戦以前から存在していたことである。「ポスト真実」を私たちはデジタル時代と結びつけて考えがちだが、それは一九世紀の電信時代から確認できる現象である。同じように「聡明な懐疑心」を具えた批判力の養成は、ＡＩとビッグデータによる「超スマート社会」のために現在行われる情報教育でも大きな課題となっている。

らの外電に関する信頼度調査を引用している。ロンドン電で三二・四％、パリ電で三三・四％、モスクワ電なら五四・二％、ベルリン電に至っては五九・一％のアメリカ国民が〝ほとんど信じない〟〝全然信じない〟と答えている。もっともアメリカ国民は自国のワシントン電に対してさえ、一一・二％が強い猜疑心を表明していた。その事実を示した上で、五城は日本国民に「一切の戦争ニュースを警戒せねばならぬ」と呼びかけている。

どんなニュースに対しても、まず聡明な懐疑心を働かせ、苟《いやし》くも軍事的に見て不可能或《あるい》は不合理な内容であれば、直ちに虚報であると看破するだけの眼識が具はれば、もはや戦争ニュースも「欺く」ことは出来なくなるわけである。

翌一九四一年一二月八日、ドイツ軍の優勢を信じて日米開戦に踏み切った日本の政治指導者にも、そうした「眼識」はなかったようだ。とはいえ、「聡明な懐疑心」を訴えた五城さえもドイツ軍のポーランド占領、フランス降伏とつづいた電撃戦には幻惑されていたのだろう。「新聞は、思想電撃戦の最も浸透的で、最も有力なる武器である」と、真珠湾攻撃の四か月前、「国際ユダヤ閥の世界新聞統制を衝《つ》く」を書き起こしている。五城は「国際ユダヤ閥の支配下にある大通信社」の虚報製造システムを次のように解説していた。

目　次

①引用文の典拠はなるべく本文中にタイトルを示し、その書誌情報は巻末の引用文献リストに記載した。
②本文中で新聞・雑誌・書籍は『　』、論文・演題は「　」、映画・ラジオ番組・テレビ番組は《　》で統一した。
③読みやすさを重視して旧字体の漢字は新字体に改めたが、歴史的かな遣いは原文のままとした。明らかな誤字・誤植は訂正した。また一部は読みやすさを考慮して読点を補った。
④引用文中の省略についてのみ（略）と表記し、前略および後略は省いた。また、引用文中の改行は原則として省略した。引用文中の強調とルビは特記しない限り、引用者による。引用文中の語句解説は〔　〕内で行った。
⑤本文中に引用した人物の肩書きは、原則として引用文の発表時のものを優先した。
⑥引用中に差別などにかかわる不適切な語句があるが、今日の視点で史料に手を加えることはしなかった。ご理解を賜りたい。

はじめに――デジタル時代にこそメディア史的思考を

一九四〇年の「フェイクニュース」批判

はたして「フェイクニュース」や「ポスト真実」は、二一世紀のいまを象徴する言葉だろうか。同じような現象を八〇年前にさかのぼって指摘するのはたやすいことだ。一九三九年九月一日にドイツのポーランド侵攻で第二次世界大戦は始まったが、当時日本の新聞は正しい戦況ニュースを伝えていただろうか。英独双方からの「捏造《ねつぞう》ニュース」が紙面に掲載されたことを、翌四〇年四月一三日付『東京朝日新聞』は「東人西人」欄(『大阪朝日新聞』の「天声人語」に相当するコラム欄)で認めている。ドイツ占領下のノルウェーの軍港トロンハイム、ベルゲンをイギリス海軍が奪回したという架空の「目撃記」がロンドン、ストックホルム発の特電として掲載された経緯を、「東人西人」はこう説明している。

どうしてこんなデマが飛ばされ、世界の視聴を集め得たかについてドイツ側では「オスロで発行されてゐるモルゲンブラデツト紙の社主であり、ノルウエー通信社の重役で、且《か》つノルウエー議会議長をもしてゐるハンブロといふ男が、タツタ一人でストックホルムの或るホテルの一室にゐて、この両港を英海軍に奪回させたのだ」と言つてゐる。即ち十一日午後七時十五分、スエーデンのラヂオで突如この大デマを放送し、それが全世界に伝播された訳だが、大戦の裏の裏には、かうした奇々怪々な宣伝戦が乱れ飛んでゐるのだ。

もちろん、ドイツ側の説明も鵜呑みにすべきでないわけだが、ホテルの一室にこもった一人の男がデマ情報をデッチ上げ、それがラジオ放送で全世界に広まったという説明を読んだとき、私の脳裏に浮かんだのはパソコンの前でニュースを捏造するマケドニアの青年の姿だった。二〇一六年の米大統領選挙期間中にSNS上に氾濫した「ローマ法王がトランプ支持を表明した」「ヒラリー・クリントンはシリア戦争でもうけている」などのフェイクニュースを量産したのは旧ユーゴスラビアのマケドニア共和国ヴェレスに住む青年だった。それは偽ニュースサイトを立ち上げてクリック数で広告料を稼ぐ現代的なビジネスだが、この「フェイクニュース産業」の背後にはロシア情報機関が見え隠れしている（津田大介、二〇一八）。同じように、一九四〇年スウェーデン発の「捏造ニュース」にもイギリス情報省の影を見るべきだろう。ちなみに、自国に不利なニュースでも正確に伝えたほうが報道への信頼性が高まるというプロパガンダ理解がイギリス情報省やBBC（英国放送協会）で進んだのは、この「誤報」事件を契機としている（津田正太郎、二〇一八）。

昭和十五年五月十五日發行　現 代 新 聞 批 判　(昭和八年十二月二十四日 第三種郵便物認可)　第百五十七號 (一)

現代新聞批判

THE PEN IS MIGHTIER THAN THE SWORD.

(毎月二回) 第百五十七號 (一日・十五日發行)

捏造ニュースと新聞

林 二十六

一

戰禍の北歐波及と共に、新聞の紙面は英・獨双方の宣傳ニュースで完全に埋めつくされた。今日になつて見れば、戰況が最初からドイツ側に有利に進展しつゝあつたことは疑ひないが、しかし新聞の報道では、一時は必らずしもさうではなかつたのである。

ロンドン、ストツクホルムからの報道は、最初盛んに英・佛側の優勢を傳へた。先づスカゲラツク海峽で、英・獨兩海軍の大海戰が傳へられ、續いて英國艦隊がオスロ峽灣に侵入して同地の引渡しを要求したと報ぜられ、その次にはノルウエーの要港幾つかゞ、英國海軍の手に落ちたと發表された。

これらの報道は、チヤーチル英海相の四月十一日午後の下院に於ける報告演說で、全くの捏造であることが判明したが、しかし捏造ニュースは、その後益々幅を利かしこそすれ、新聞の紙面から影をひそめるどころの騷ぎではなかつた。四月十六日の朝日夕刊には、英軍のナルヴイク占領の目擊記まで載つた。

「自分は偶然去る九日、ナルヴイクに滯在して、鬱の深い北氷洋に面するナルヴイクに於て、獨軍が上陸し、同市を占據した光景を目のあたり見たが、十五日ナルヴイクには獨軍の影がなく、獨兵に代つて英國陸戰隊が步哨に立つてゐる。ナルヴイク前面のフイヨルドには、英戰艦ウオアスパイト號の灰色の大きな姿が横はり、港内には數隻の英驅逐艦が黑煙をあげてゐる。英艦投錨の場所には、足の早い獨驅逐艦の群が、つい先ほどまで姿を見せてゐたが、今は影もない。云々」

かういふ目擊記が新聞に載つたにかゝはらず、ナルヴイクは未だドイツ軍の手に確保されてゐるのである。

二

僞りの捏造ニュースの進發に堪り兼ねてか、十三日の朝日の「東人西人」欄には、次のごとき文章が掲載された。

「トロントハイム及ベルゲンの兩港が、英海軍のために奪取せられたとの報があつたが……どうしてこんなデマが飛ばされ、世界の視聽を集め得たかについてドイツ側では『オスロで發行されてゐるモルゲンブラデツト紙の社主であり、ノルウエー通信社の重役で、且つノルウエー議會議長をもしてゐるハンブロといふ男が、タツタ一人でストツクホルムの或るホテルの一室にゐて、この兩港を英海軍に奪回させたのだ』と言つてゐる。即ち十一日午後七時十五分、スエーデンのラヂオで突如この大デマを放送し、それが全世界に傳播された譯だが、大戰の裏の裏には、かうした奇々怪々な宣傳戰が亂れ飛んでゐるのだ」

我々は、朝日のこの解說的說明に多大の興味を寄せたのである。新聞は、集つて來るニュースを無選別に載せてゐるが、その大部分は捏造的なものである。實際讀者は歸趨に迷はざるを得ない。讀者の壓倒的な大部分は、新聞の報道によるほか情勢を知る途がなく、そしてかなりの程度にまで新聞記事によつてその意見を左右されてゐるのである。

新聞は從つて、讀者に對してその掲載記事について責任を負はねばならない。新聞が、近代國家に於ける國民的統一の最も有力な機關であることは、今日普く認識されてゐる。これが認識されてゐればこそ、交戰國は互に捏造ニュースを世界に撒布することに狂奔してゐる譯である。

新聞の製作者が、新聞の國民生活に於ける位置を自覺すれば、だから交戰國双方のニュースを無差別に掲載するだけでなく、そのニュース源について、讀者の納得する說明を與へる親切がなければならない。つまり上に掲げた朝日の十三日の「東人西人」欄に載つたやうな解說のために、もつと多くの紙面が割かれねばならない。

三

新聞がその方面の仕事を

図 0-1　林二十六「捏造ニュースと新聞」『現代新聞批判』(1940 年 5 月 15 日付)

右の「東人西人」コラムを引用して、林二十六「捏造ニュースと新聞」(図 0-1)は「新聞の紙面は英・独双方の宣伝ニュースで完全に埋めつくされた」と批判する。『現代新聞批判』(一九三三〜四三年)は、前年に大阪朝日新聞社を追われた自由主義者・太田梶太《かじた》が創刊した反ファシズムの隔週刊紙である。その執筆陣には滝川事件の余波で同志社大学を去った住谷《すみや》悦治《えつじ》(戦後の同志社大学総長)、エスペランティストの新村出《しんむらいずる》(広辞苑の編者)、唯物論研究会の戸坂潤(哲学者)、「反骨のジャーナリスト」鈴木東民《とうみん》(日本電報通信社ベルリン特派員)、「日本人シンドラー」と韓国で呼ばれる布施辰治(人権派弁護士)などが加わっていた。林二十六はそこで誤報解説——今日の言葉で言えばファクトチェック——に「もっと多くの紙面が割かれねばならない」と主張していた。

朝日の「東人西人」欄は、それ〔ニュース源＝筆者、以下同〕について一回弁明的な記事を書いたが、あゝいふ記事は、特電を盛んに掲載する新聞は、毎日その紙面に載せるのが当然である。（略）特電の中には、本社の編集室の片隅で創作されたものもあるのだから、ニュース源の明示と解説は、読者に対する新聞の絶対的な義務とせねばならぬ。

そうした「絶対的な義務」を新聞社が果たさない理由を、林は三つ挙げている。第一に、自社掲載の記事を捏造だと発表することにより読者の信用を低下させるのではないかという不安。第二に、新聞を商品と考える新聞社の多くがコストのかかるニュース調査機関を備えていないこと。第三に海外からの特電を権威付けに利用する新聞が、その価値を損《そこ》なう知識の普及に消極的であること。こうした新聞社の不作為の説明は、今日でも十分に通用するのではなかろうか。

一方、当時の新聞読者は「捏造ニュース」をどう読んでいたのだろうか。その約二か月前、戦時下の読者にリテラシーの向上を求める五城朗「戦争ニユースは欺《あざむ》く」が同紙に掲載されていた。今日のフェイクニュースの原型とも言えるような「与太ニユース」の氾濫を指摘した上で、五城はアメリカの『フォーチュン』誌が行った各国首都（ワシントン、ロンドン、パリ、ベルリン、モスクワ）か

今日まで重要な争点とされてきた。だが、そもそも戦争支持の国民世論がなければ、昭和天皇にせよ東条英機首相にせよ開戦を決意することはできなかったのではないか。また国民の戦意を欠いて、世界を敵にまわした国家総力戦が四年間も継続できただろうか。

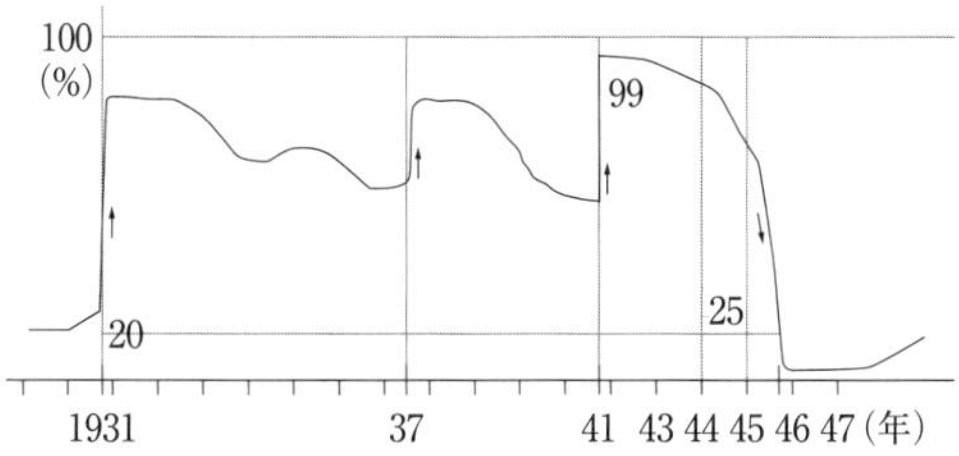

図 **5-2**　「戦意」推移の概念図

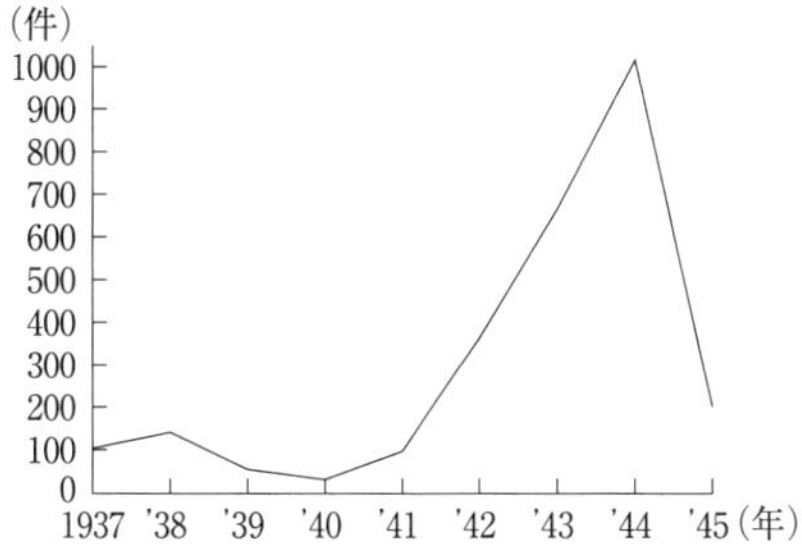

図 **5-3**　造言飛語(起訴)数の推移

この問題を考える上で、荻野富士夫が『「戦意」の推移』(二〇一四)で示した「戦意」推移の概念図(図5-2)は議論の前提となる。対米開戦時に圧倒的な戦争支持の国民世論が存在したことを裏付ける「輿論調査」結果については拙著『輿論と世論』(二〇〇八)でも紹介したが、荻野は文部省「思想動向調査」や治安当局「民心動向調査」から「アメリカ戦略爆撃調査団報告書」まで網羅的に検討している。

当たり前のことだが、一九三一年の満洲事変勃発から一九四五年敗戦までの戦意が一定だったわけではない。一九二〇年代の軍縮世論から満洲事変の軍国世論へと反転し、二・二六事件の粛軍ムードから南京陥落の提灯行列へ、その後は長期戦化による「うんざり」感から真珠湾攻撃での急高揚、サイパン陥落後に本格化する本土空襲による厭戦気分の拡大、さらに沖縄戦以後の急速な戦意低下、そうした変動をこのグラフは示している。

先に紹介した西ケ谷報告で「国家の報道機関に対する信頼」は「(敵の)後方攪乱戦に対する有力なる防禦力」とみなされていた。もちろん、「報道機関に対する健全なる社会的信頼を破壊する虞《おそ》れのある造言飛語は、軍事上有害なりとせられねばならない」理由は、戦意を維持するためであった。つまり、戦意の高さと造言飛語の量が反比例することは当時も前提とされていた。

そこで「戦意」推移グラフ(図5-2)と佐藤健二が『流言蜚語』(一九九五)で示す「造言飛語(起訴)数」(図5-3)を対比してみよう。確かに戦争末期の一九四三年以後における造言飛語の急増と戦意の低下は重なるが、開戦前の一九四〇年における造言飛語の減少は戦意の高低で説明することはむずかしそうだ。さらなる検討が必要だが、治安関係史料の性格を理解しておくことが不可欠だろう。警察や憲兵隊が流言データを集める動機は、まず戦意低下への懸念である。その意味では造言飛語(起訴)数は、戦意の推移を直接に反映するのではなく、治安当局の戦意に対する危機感の推移を反映していると考えるべきだろう。

戦時流言と防諜の効果

いずれにせよ、戦意の高揚期、日米開戦直後から一九四二年前半にかけて造言飛語(起訴)数は相対的に少ない。内務省警保局編「特高月報」から不穏言動を集めた資料集『昭和特高弾圧史5 庶民にたいする弾圧』(一九七五)は、「大東亜戦争」一年目についてこう概観している。

この年は、四月までは比較的に不敬・厭戦言動がすくなかった。やはり「緒戦の戦果」によるものであろう。しかし、ミッドウェー沖海戦敗北の噂は、広範な国民層に知れわたった。夏から秋にかけて、不敬・厭戦・不穏言動は、日本の津々浦々におこなわれた。この年の特徴は不敬・不穏・厭戦が分けがたく結びついていることにあった。

「心の敵への宣戦」を訴える中村古峡の『流言の解剖』(一九四二)は、こうした「噂」の広がりに対抗すべく刊行された一般向け啓蒙書である。中村はミッドウェー海戦の約一か月後、一九四二年七月一二日付『東京日日新聞』の「銃後も戦ふ秘密戦――防諜座談会 2」から海軍省軍務局・岡巖中佐の発言を引用している。

随分詮索する人があります。わが航空母艦がやられたといふと、それは○○でせうとか、△

△だとか、××だらうとかいふのです。ありつたけの航空母艦の名前を並べて、そして人の顔色を見るのです。そして軍の者が話したやうに、方々でしやべるのです。何ぞ知らん、その航空母艦はピンピンして爆撃をしてゐるのです。

ミッドウェーにおける主力空母四隻の喪失という事実を否定する内容だが、むしろそのうわさが「広範な国民層」に広まっていたことを裏付ける発言である。しかも、これを引用した中村は「匿《かく》されてゐることを知りたがる。これは誰にもある心理、無理もない心理である」と認めており、探索心、好奇心の放棄ができると本気で考えていたとは思えない。中村は漱石門下の心理学者で、東京帝国大学を卒業後、朝日新聞記者となり、一九一七年に日本精神医学会を設立して『変態心理』などを編集した。中村が大東亜戦争下で警戒した「流言禍」の具体例もやはり「関東震災の流言狂乱」であった。日本国内の「白人」は厳しく監視下に置かれていたため、関東大震災の記憶が防諜の対象として「朝鮮人」を浮上させたことは確かだろう。

憲兵司令部報告資料を分析した李時載「戦時中の朝鮮人の流言の研究」(一九八七)は、戦時下の日本で朝鮮人をスパイや犯罪者の代名詞として語る流言の拡大を確認している。もちろん、関東大震災に直接言及した流言も存在する。たとえば、一九四四年一二月七日の東南海地震の後、東北地方で憲兵隊が記録した流言である。

「名古屋、岐阜地方ノ大地震ハ関東大震災以上ノ被害デ死者ハ何万ト出ルシ、朝鮮人ガ暴動ヲ起シ、殺人、強姦ヲヤッタ」

当然ながら、朝鮮人の間でも「日本ガ敗ケタラ関東大震災ノ時ノヤウニ鮮人ガ皆殺サレルダラウ」などの流言が広まっていたという。さらに、一九四四年五月中旬ごろ平壌府内の朝鮮人の間で広まった次の流言も記録されている。

「日本ハ〝ガソリン〟不足ノ為一五歳以上ノ未婚ノ女子ヲ供出サセ之ヲ殺シ油ヲ取ル」

こうした流言が実在したことを踏まえた上で、済州島での「慰安婦強制連行」を騙《かた》った吉田清治の証言が一九八〇年代の日本で「事実」として報じられた背景も検討されねばならない。なお、「慰安婦」に関連する流言については、藤永壮「戦時期朝鮮における「慰安婦」動員の「流言」「造言」をめぐって」(二〇一三)が事実関係を整理している。日中戦争勃発後の慶尚北道で一九三八年春から、未婚女性を軍の炊事などの目的で徴用する、あるいはその血を負傷兵に輸血するといった流言が確認されていた。これに性的慰安に関する内容を追加した流言は、その年のうちに朝鮮全域に拡散した。慶州での女性募集のうわさは、時期的には「慰安婦」の中国大陸への移動という事実に対応していた。藤永は次のように結論付けている。

「慰安婦」動員に関する「流言」「造言」が映し出しているのは、結局、「慰安婦」制度の現実と朝鮮民衆の植民地統治政策・戦時動員政策に対する不満・不信であったのだ。

なお、未婚女性が海外へ異民族との性交渉目的で連れ去られるという流言は、ある意味で古典的かつ普遍的である。少女を外国の売春街へさらっていくという流言が世の東西を問わず現代社会でも発生することは、ユダヤ人による女性誘拐のうわさを分析したエドガール・モラン『オルレアンのうわさ』(原著、一九六九)でも確認できる。日本でも社会の不安定化とともに登場した流言として、明治初年の「婦女徴募の流説」に藤永論文も言及している。一八七三年、徴兵令施行に際して広まったその流言を中村古峡『流言の解剖』から引用しておこう。

「当時十二歳から二十歳に当る娘を徴募して、外国へやられるといふ噂のために、青年男女が俄《にわ》かに無理な結婚をしたり、或は剃眉染歯《ていびせんし》して、既婚者を装ひ、難を免れようとした」

「甲州では、十七歳の女は政府の御用で西洋人の種を取らされるといふ風説が行はれ、各所大騒動して、家資の応不応に関せず、婚姻の結約されるもの、日に幾許《いくばく》なるか数へ難い程だつたと云ふ」

「心の敵への宣戦」を序文に掲げる『流言の解剖』をさらに激烈化した防諜入門書として「精神への焼夷弾」への警戒を呼びかける本多喜久夫『デマ』(一九四三)がある。大政翼賛会宣伝部長(情報局情報官、戦後はＴＢＳテレビ編成局長）の八並璉一が序を寄せた、初版一万部の半官製プロパガンダ本である。本多は一九四一年九月にエドガー・ルイス・バローズ『ターザンの冒険』（新興音楽出版社）を訳出しており、日米開戦後も『若い科学者――エヂソンの少年時代』（興亜文化協会、一九四二）や『戦争と音楽』（新興音楽出版社、一九四二）などを刊行している。この「世紀のデマの戦ひ」の解説ではもっぱら受動的な防諜戦を強調しており、そこにターザンの積極性もエヂソンの独創性も示されていない。本多は結語「デマ亡びたり」で、当時の情報鎖国状況を次のように評価している。

> 国民をデマから保護し、安穏に正しい生活を送らしめるためには政府の周到な検閲制度があり、欧米から直接呼びかけてくるラジオ放送には、厳密な統制があつて国内聴取の自由は与へられてゐない。（略）かくて、われわれは、一切のデマから開放《ママ》され、強くいさぎよく曠古《こうこ》の聖戦を勝ち抜きつゝあるのだ。

こうした消極的かつ防御的な情報戦略は、果たして「先の戦争」だけの問題なのだろうか。戦後も継続した国民心性のように思える。ちなみに、本多喜久夫は戦後、編集兼発行人として『妖奇』（一九四七〜五二）、『オール・ロマンス』（一九四八〜五四）などカストリ雑誌を創刊した。戦時出版物のデマも戦後雑誌のエログロも、「闇市」の情報商品としては連続的なのだろう。さらに晩年は

『大地震の恐怖――そのときのために』（双葉社、一九七一）など防災情報ものを多く手がけた。戦前戦後を通じて地震・流言・戦争に呪縛された本多に、昭和日本知識人の一典型を見出してもまちがいではないだろう。

第6章

記憶紙の誤報

――「歴史のメディア化」に抗して――

慰安婦問題 どう伝えたか
読者の疑問に答えます
記事に事実のねじ曲げない
当時は研究が乏しく同一視
本紙報道前に政府も存在把握
裏付け得られず虚偽と判断
自由を奪われた強制性あった
慰安婦問題とは
他紙の報道は

特集「慰安婦問題 どう伝えたか――読者の疑問に答えます」(2014年8月5日付『朝日新聞』)

朝日新聞「慰安婦報道」問題

二〇一四年八月五日、『朝日新聞』朝刊を開いて特集「慰安婦問題 どう伝えたか――読者の疑問に答えます」(本章扉図)を目にしたとき、その掲載のタイミングに私は一瞬とまどった。なぜ広島原爆忌の前日、戦争回顧の「八月ジャーナリズム」スタート時に、この特大の検証記事が置かれたのか。その意図はどこにあるのか、とまず考えた。

それゆえ、過去の従軍慰安婦報道の誤りを認めて記事を取り消す内容を読みながら、私が考えていたことは、その後に保守系雑誌を中心にした朝日批判やウェブ上の炎上とは位相を異にしていた。そのときは誤報を認めた朝日新聞社の勇気に拍手を送りたいとさえ思っていたのである。しかし、私のようにこの誤報対応を積極的に受け取った読者は多くはなかったようだ。「過ちを訂正するなら、謝罪もするべきではないか」とは「池上彰の新聞ななめ読み」(掲載差し止めの後、二〇一四年九月八日付『朝日新聞』に掲載)の言葉だが、その主張こそ世間を代表していた。その意味で、池上コラムの掲載を拒否した朝日新聞社幹部は世間の空気が読めていなかった。池上氏はジャーナリストとして「いま」の空気を見事に掬い取っていたわけだが、歴史を研究する私も「いま」の空気にはやや鈍感に過ぎたのかもしれない。結局、同年九月一一日に木村伊量・朝日新聞社長が謝罪会見を行い、さらに同一一月一四日には一連の誤報問題の責任をとる形で社長は辞任を表明した。

翌二〇一五年一月五日付『朝日新聞』朝刊は「信頼回復と再生のための委員会」による「ともに考え、ともにつくるメディアへ（信頼回復と再生のための行動計画）」を掲載した。そこで七つの「具体的な取り組み」が表明されたが、率直に言って「訂正記事を集めるコーナーの新設」以外はすでに試みられながら、ほとんど機能しなかったものばかりである。新聞というメディアの信頼性は、以下の文言が正しく実行されるかどうかにかかっている、と私は考える。

記事に誤りがあった場合、より丁寧にわかりやすくお知らせするために、訂正をまとめて掲載するコーナーを今春、新設します。歴史を記録して後世に残す役割を担う新聞として、間違った記事は速やかに訂正しておわびし、間違えた理由もできる限り詳しく説明していきます。

それにしても、なぜ朝日新聞社が誤報の危機管理であれほどのミスを犯したのか。そもそも『朝日新聞』は誤報対応では最も先進的な新聞だったはずである。すでに一九二二年一〇月二一日、大阪・東京朝日新聞社は共同社告「記事審査部の創設　日本に於ける最初の試み」を掲げていた。その初代部長は東京で杉村楚人冠、大阪で原田棟一郎ら編集幹部が兼任した。ジャーナリズムに携わる者であれば、再読三読を重ねたい文章である。

迅速を尚《たっと》ぶ新聞紙のことでありますから、如何に間違ひの無いやうにと努めても、ツイ何等の悪意無くして或は事実を誤り或はあらぬ疑ひを起させるやうな書き方にならないとは限りませぬ、之が為に人知れぬ迷惑を蒙つて居る方々が、世間に随分少《すくな》からぬことゝ存じます。（略）従《したが》つて正誤取消文の掲載のみを以て慊《あきた》らざる諸君の為めに、我社は此度記事審査部なるものを創設して、本社新聞の記事に関し、特に申出を受けたる時は、之を公明に審査して誤れるは正し、取消すべきは取消し、其他弁ずべきは弁じ、謝すべきは謝し、場合に依つて始末を公にして其真相を闡明《せんめい》し之を紙上に公表する事にしました。

特に、末尾の一文は「歴史を記録して後世に残す役割を担う新聞」への決意表明とも読める。だが、一九二二年以後の朝日新聞において、この社告が遵守されてきたとはとても言えない。

歴史家の目で見れば、過去にさかのぼっての検証が行われない新聞記事には誤記・誤報があふれている。二〇一四年の朝日新聞誤報問題はその事実が露呈した瞬間である。そのため新聞一般の信頼性まで大きく揺さぶった事件とみなされたようだ。二〇一五年一月には毎日新聞労組がシンポジウム「信頼される新聞とは――朝日「誤報」問題に学ぶ」を開催していた。この事件が新聞というメディアの信頼性を低下させたとの認識が新聞業界で共有されていた証拠である。

しかし、私はメディア史家として「新聞に対する信頼性の低下」という業界の状況認識は、それ自体が思い違いだと考えている。新聞の購読部数は確かに減少しているが、それは必ずしも新聞の信頼性が低下したためではない。実際、「事件」のあった二〇一四年の第七回メディアに関する全国世論調査(新聞通信調査会)を見れば、「新聞」の信頼度は「NHKテレビ」七一・一%に次ぐ六九・二%(それ以前の最高値は二〇〇八年・一〇年・一一年の七二・〇%、最低値は二〇一二年の六八・九%)であり、依然として高い数値を保っていた。もちろん同調査では「この一年間で新聞の信頼感が「低くなった」」が前年五・六%から一〇・二%に増加し、その最多理由は「誤報があったから」の一八・七%だった。二〇一四年は一月に各紙が大々的に伝えた「STAP細胞発見」の虚報もあり、日本史年表に残りそうな「誤報の一年」だった。だが、右に見たように、誤報事件で新聞の信頼度が他のメディアと比べて大きく低下してはいないのである。「この一年間で新聞の信頼感が「低くなった」」と答える人が約一割いるにもかかわらず、「新聞」の信頼度が前年とほぼ変わらない理由は明らかだろう。新聞に批判的な同じタイプの約一割が、毎年「低くなった」と回答しているためである。それゆえ「新聞」の信頼度の数値は、朝日新聞誤報問題があった二〇一四年の前と後でも有意な差は見出せない(直近の二〇一八年調査では六九・六%と〇・四ポイント上昇しているが誤差の範囲である)。

そもそも、「誤報があったから」という理由で新聞を信頼しなくなる人は、新聞には誤報などあるはずがないと本当に信じていたのだろうか。あるいは、過去の新聞は今日よりも誤報が少なかったと思っているのだろうか。さらに、そうした読者はいつから新聞を信頼するようになったのか。そうした問いに向き合うことが、メディア史的思考である。

『新聞の「嘘」』(一九三二年)

戦前の新聞がいかに誤報や虚報にまみれていたかを確認する資料として、大阪朝日新聞社の現役記者だった内海丁三《うつみていぞう》が満洲事変時に書いた『新聞の「嘘」』(一九三二)がある。それを一読すれば、戦前の新聞にどれほど「嘘」が多かったかがわかるはずだ。逆に言えば、今日では捏造記事はそれが「事件」になるほどに珍しいと言える。内海は、新聞で「嘘」がなぜ生まれるか、政治面から社会面まで具体的記事を挙げて分析しており、今日のメディア流言を考える上でも大いに参考になる。まず「A・善意のもの」と「B・悪意のもの」に誤報を大別し、さらに四分割している。

A・善意のもの

Ⅰ 宣伝記事=第三者が新聞利用の宣伝のため発表する虚構若《も》しくは誇張された事実をそのまゝ事実として報道する態度。

Ⅱ 流言記事=動乱、変災など社会人心の動揺する時などに起る謡言《ようげん》、流言をそのまゝ事実として報道する態度。

Ⅲ 陳述記事(警察記事1)=警察事故などにおいて、届出人や容疑者などの利害関係者が、事件に関して陳述するところを、そのまゝ事実として報道する態度。

Ⅳ 判定記事(警察記事2)=刑事上の嫌疑などに就て、警察その他の検察当局が判定せるところを、そのまゝ事実として報道する態度。

B・悪意のもの

Ⅰ 推定記事=内容不明な事柄について、周囲の事情を綜合観測して推定したことを、そのまゝ事実として報道する態度。

Ⅱ 予定記事=計画の遂行、プログラムの経過などが順当にゆけば当然実現されると見るものに就て、まだ実現せぬ前に過去の事実として報道する態度。

Ⅲ 想像記事=数個の関聯《かんれん》した事実の間に聯絡をつけ、若くは或る事実の補足をするために、その事実から当然に想像し得る事柄を事実らしく報道する態度。

Ⅳ 創作記事=一つの基本となる記事を裏書きさせたり、声援させたりする目的から、虚構若くは誇張した記事を創作して同時に掲載する態度。

「B・悪意のもの」は「明かに事実でないことを知りながら事実であるごとく報道する場合」と明確だが、「A・善意のもの」も記者側に悪意が確認できないという程度の意味である。つまり、

「悪意／善意」は責任が記者側と取材対象側のどちらにより多く存在したかの違いであり、記事の有害度を測る指標とはされていない。この分類に照らすと、朝日新聞の「慰安婦」報道はA－I（善意の宣伝記事）、東電「吉田調書」報道はB－I（悪意の推定記事）となるだろうか。「職業的詐話師」吉田清治に記者をだまそうとする意図があり、東京電力福島第一原子力発電所所長・吉田昌郎にそうした意図が確認できないということである。A－I（善意の宣伝記事）について、内海は初代・記事審査部長をつとめた楚人冠杉村広太郎の『最近新聞紙学』（一九一五）を引用している。

> 広告（記事材料を装ふた宣伝）は必ずしも商品又は営利の事業に限らぬ。慈善事業を広告する宗教家がある、学校を広告する教育家がある、戦功を広告する軍人もあれば、治蹟を広告する政治家もある。何処にか斯《こ》ういふ広告臭いところがあると見たら如何なる好材料もその価値を余程割引して見なければならぬ。

楚人冠が「広告人」に数えた「慈善事業を広告する宗教家」「学校を広告する教育家」「戦功を広告する軍人」に追加すべきは、「戦争犯罪を広告する平和活動家」だろうか。つまり、吉田清治を「戦争犯罪を広告する平和活動家」と見立てて平和に貢献したいという気持ちが記者にあったのではなかろうか。とりあえず「善意」と括れる誤報だが、それは〝地獄への道を舗装している〟善意にほかならない。確かに、戦争の非人道性を告発する平和運動の記事であれば、軍や政府が犯した過ちが大きければ大きいほどニュース価値が高まる。また、反原発キャンペーンの記事を効果的に仕上げるには、電力会社の運営が杜撰《ずさん》であればあるほど都合がいい。こうした事実より効果を重視する動員ジャーナリズムに立脚する限り、「虚偽の証言を見抜けません」は必然であり、「ストーリー仕立ての記述」のために吉田調書を誤読するのも無理からぬことである。

内海はB−I（悪意の推定記事）の事例として、「絶対秘密」の枢密院会議や閣議に関する報道を挙げている。非公開だった東電「吉田調書」の調査報道を反省する際にも役立つ記述である。

推定による記事は必ずしも悪くない。しかもそれが最も支持せらるべきは、多数記者のチームワークによつて集められた事実、推定などの綜合である場合である。しかしその場合でも報道正確の目的精神からいへばそれを正直に綜合推定であると断つて紙上に伝へなければならぬ。一種の推定であるものを確められた事実であるかの如く装ふて報道することは、本来的に「嘘」の危険性を包含することを免れない。（略）拡大された推定の濫行は最早新聞報道上の犯罪的行為であるといつても差支へないであらう。

内海はこうした「犯罪的行為」が生まれる背景を、新聞間の競争（新聞企業論）、正確さより興味を優先する消費者（新聞商品論）から説明している。企業間の特ダネ・速報競争と、興味本位の大衆読者こそが「新聞の嘘」の土壌だというのである。さらに「記者の個人的無力」として「新聞記者の機械人間化《ロボット》」を指摘している。とても戦前の記述とは思えない。

これを作る新聞記者は社会を指導する偉人ではなくて、重役と職長――新聞社の用語でいへば編輯長とか社会部長とかである――とによつて駆使せられる労働者である。別の方面からいへば、月給のために働き、ボーナスの量によつて励まされ、馘首《かくしゅ》によつて常に脅威せられる労働者である。新聞記者は従て労働者として持つあらゆる弱点と個人としての無力さを持つてをり、その上に一般インテリゲンチヤとしての無気力さへ兼ね備へてゐるのである。然《しか》りしかうしてこの事実こそ新聞誤報の有力なる原因の一つが横はるのである。

誤報事件が発覚するたびに、記者個人のモラル強化や再教育の必要性が唱えられるが、啓発や訓練によって「駆使せられる労働者」である記者が「社会を指導する偉人」に変身できるわけではない。以上の限界を踏まえて、内海は誤報防止のために「絶対写実主義の徹底」を訴えている。

流言を流言と伝へ、陳述は陳述として報じ、推定は推定と断はり、予定は予定の如く報道する態度の徹底である。

推定を推定と断っていれば、「吉田調書」報道も誤報という扱いを受けなかったはずだ。ただし、内海がこれを執筆した戦前の朝日新聞社でも、そうした規範が守られていたわけではなかった。むしろ、今日では考えられないB－Ⅳ(創作記事)がまかり通っていた。

与太記事「弁当とムッソリーニ」

「新聞に誤報はつきものである」と、毎日新聞論説副委員長から東京大学新聞研究所教授に転じた城戸又一《きどまたいち》は、『誤報——現代新聞の断層』(一九五七)を書き始める。誤報が読者の間で「事件」として深刻に論じられるようになったのは、そう古いことではない。「新聞辞令」という言葉も政官界では戦後も長らく使われていた。それは新聞が発令前に憶測で報じ、うわさだけで終わる人事である。この場合、新聞は「信用できないもの」の代名詞であった。

城戸は右に挙げた著作で、「創作記事」の典型として朝日新聞社のエダ・チアノ(ムッソリーニの長女)架空インタビューを挙げている。城戸は毎日新聞パリ特派員だった一九三七年にムッソリーニと単独会見に成功している。そうした城戸の経歴もこの「創作記事」に着目した理由だろう。というのも、この架空インタビューを告白した渡辺紳一郎「わたしの記者生活」(一九五五)には、これ以外にも驚くべき捏造記事の事例が赤裸々に披露されているからである。

東京朝日新聞入社四年目の社会部記者として、渡辺は第一回普通選挙（一九二八年）に対する街頭の声を集めるようデスクに命じられた。そんな取材は無意味だと反発した渡辺は、老練な先輩と一緒にカフェで街頭の声をデッチ上げた。

「出前持いわく……わつちは」とか、「女給いわく……あたいたちは」とかを何種類か作った。そしたら、デスクは「どうだ、出てみると、ちやんと、この通り書けるだろう。新聞記者は頭や手で書いてはいけない、足で書くんだ、足で」と、たいへんなお説教であつた。

ちなみに、その前年の一九二七年、東京帝国大学文学部教授会は「新聞学講座」新設案を否決している。新聞学講座の寄附発起人総代には渋沢栄一が就任し政財界から支援者が結集したが、文学部教授会では「新聞学なるものの学問としての性格」が疑問視され、新設案は却下された。渡辺記者の取材回想を読む限り、新聞記事など学問対象ではないと断じた教授会にも一理はあろう。

さて、エダ・チアノ架空インタビューである。一九三二年一〇月一七日に来日したチアノ伯夫人は記者団に取り巻かれた。「私は休暇できただけで、新聞記者に話すためにきたのではない」とコメントを拒んだが、なぜか『朝日新聞』だけに「大特ダネ」のインタビューが掲載された。支給された出張旅費をすでに飲み食いで使っていた渡辺は、「外国人だから、日本の新聞は読めないというので、平気で与太を飛ばすことに覚悟のほどをきめ」、架空インタビューをまとめた。

おしまいに、「日本へきて、どの停車場に着いても、父を思い出す。駅のプラットフオムで盛んに父の名を呼んでいる。ベニト、ベニト――と、母が父を叱るとき、そつくりですわ、オホホホ」と書いた。駅の弁当売りから思いついた悪い洒落である。

こうした与太記事の掲載で朝日新聞だけが突出していたわけでもない。一緒にいた東京日日新聞の記者は部長に呼びつけられ他社に特ダネを取られたこと、いわゆる「特オチ」を責められた。「あれは、渡辺の与太なんですよ」と釈明する記者に対して、「与太でも、面白いッ」と部長にどなられたという裏話までも渡辺は紹介している。もちろん、イタリアの日本大使館で翻訳した記事を読んだチアノ伯夫人は激怒し、朝日新聞社は大使館を通して抗議されたが、それに対する会社側の対応を渡辺はこう記述している。

書いた本人は休暇でいない、そちらでそう仰しやるなら、取調べるまでもなく、記者の与太に違いない、帰つてきたら厳罰にする――と、あやまつた。私は別に休暇でもなかつたし、厳罰にもならなかった。

渡辺は四年後の一九三六年にパリ支局長に栄転し、戦後は豊富な海外経験を買われて《私の秘密》などNHKクイズ番組のレギュラー解答者として活躍した。この与太記事が社会に何らの悪影響も与えなかったと認識しての告白なのだろう。だが、そうとも限らない。いまも「ムッソリーニ」「弁当」でウェブ検索すると、「ムッソリーニのお嬢さんが日本に来たときに、汽車が駅に止まるたび「お父さんの名前を言ってくれている」と無邪気に喜んでいたのは事実です」「高校世界史の授業で聞いた」「これは昔、巨泉のクイズダービーの問題で出てたので本当の話だと思います」などの書き込みにヒットする。このメディア流言について、渡辺の告白はこう結ばれている。

チアノ伯夫人は、よほど怒ったとみえて、ロオマへ帰ってから、朝日の特派員が、ひどく叱られたそうだ。ムソリニも死んだ。チアノも死んだ。エダ夫人は、もう世界の話題から消えてしまった。私だけは、相変らず朝日の平記者である。

平記者(のちに朝日新聞社参与となる)を含めて全員が死んだのちも、その与太情報だけはウェブ上で生きながらえているわけだ。

と書いてきて、疑念がわいてきた。この渡辺の懺悔文を城戸又一は鵜呑みにしたわけだが、こうした罪の告白もそのまま信用してはいけないと、すでに吉田清治の強制連行証言で私たちは学んだばかりではないか。早速、『東京朝日新聞』と『大阪朝日新聞』のバックナンバーを縮刷版で確認した。確かにインタビュー形式のエダ・チアノ記事は大阪版で一九三九年一〇月一八日、東京版で同一九日に掲載されている。特に東京版の見出し「家庭のムソリニ首相──どなるのは母ばかり」には、「余り本を読んだので額がはげ上りました」など別の与太話も確認できる。だが、弁当売りの話はどこにも見当たらない。さすがにデスクが呆れて削除したのだろうか。だとすれば、「弁当とムッソリーニ」の伝説は新聞記事ではなく、戦後に元記者の渡辺がデッチ上げた告白文から生まれたメディア流言ということになる。

新聞界の機雷（一九四二年）と特攻賛美（一九四四年）

こうした与太記事を載せる紙面のゆとりがなくなった日米開戦後の朝日新聞社で、誤報はどう論じられていたのだろうか。それを知る数少ない社内資料として、朝日新聞社編集局で記事審査を担当した佐藤癸巳男《きしお》の「誤報・その防止並びに責任──ある少年の記事への抗議から」（一九四二年五月）がある。「ある少年」長村治《おさむら》は苦労して貯めた「五円五十四銭」を国防献金に供したが、記事で父親と名前を間違えられ、金額も「四十銭」と記されていたため朝日新聞社に抗議のハガキを出した。担当記者は「警察署の発表が間違つてゐたことがわかつた」ので、ハガキに書かれた内容を再び記事にしたという。こうして誤報を隠蔽した自紙の対応を佐藤は厳しく批判している。これでは長村家は「四十銭」と「五円五十四銭」を二度献金したことになり、「二重の誤報をつらねたことになる」と。さらに警察署のミスと断ずる記者の態度も「決して真摯とはいへぬ」と言う。

記事に対して抗議された場合は必然その原因するところを調査すべきは記者としての当然の義務であり、調査の結果書かれた訂正記事は、傷ついた童心を和らげる誠実ある温い文字となるべきはずである。

佐藤は、同じく戦時下に刊行された山根真治郎『誤報とその責任(増訂版)』(一九四二)も批判している。山根は国民新聞社副社長、日本放送協会理事、日本新聞聯合社理事、日本新聞協会理事などメディア業界の役職を歴任し、当時は新聞学院学院長として記者教育にたずさわっていた。その山根が誤報の責任を記者より、むしろ「新聞紙に対して常に斬新を求め速報を要求」する社会に求めたことを、佐藤は「社会への責任転嫁」として退けている。その上で、「警察署の発表」など「人の言葉」を批判的にチェックする態度を記者が身に付けるよう要求している。

人の言葉を、人の話を聞いたまゝ報道する態度が新聞記者として受けいれられるならば、それは記者はロボットであるにひとしい。

「警察署の発表」はもちろんだが、疑うべきはそれが「情報局の発表」であれ「大本営の発表」であれ同じはずである。戦時体制下での「発表報道」で誤報の回避が容易でないことにも佐藤は十分に自覚的だった。

近ごろの日本海のやうに、誤報といふ「新聞界の機雷」が浮流してゐるやうに考へられる。実に「誤報」は新聞を傷つける「機雷」である。誤報は新聞の信用を薄め、あるひは絶つ。信用のない新聞は「沈没」にひとしい状態におかれる。

それゆえ、佐藤は誤報防止よりも誤報の事後処理の徹底を強調していた。「もし誤報した場合はいさぎよく訂正しようではないか。失敗を掩《おお》ふことは誤報以上の危険性をはらむことがある」。真っ当すぎる正論である。しかし、その正論が新聞業界で受け入れられたわけではない。戦中に「責任転嫁」と佐藤に批判された山根真治郎（敗戦時、『東京新聞』常務理事編集局長）は、戦後に聖戦完遂を煽った責任を問われたときも、いたずらに総懺悔的な反省をするより、真に責任のある者たちを追及することこそ大事だと『日本新聞報』一九四五年一二月三・六日号で主張している。

新聞の犯した過誤の本質は不可抗力による間接過誤であり、その責任は法的にも政治的にもまた道義的にも何ものでもないと固く信ずる

朝日新聞「新聞と戦争」取材班は、この山根の居直り発言を批判的に引用している（『戦争と新聞』二〇〇八）。とはいえ、戦時中の朝日新聞も誤報の訂正謝罪を「いさぎよく」実行できたわけではない。献金少年の「二重の誤報」以上に有害な記事として、陸軍特攻隊員として九回出撃しながら「体当たりしろ」という上官の命令に抗い、爆弾を落として、九回生きて帰ってきた佐々木友次伍長の「二重の戦死報道」を挙げておこう。鴻上尚史《こうかみしょうじ》はこの報道を『不死身の特攻兵』（二〇一七）で詳しく紹介している。

佐々木伍長が参加した陸軍の第一回特攻の「大戦果」は、一九四四年一一月一四日付『朝日新聞』第一面に全参加隊員の顔写真入りで掲載された。

佐々木伍長操縦の四番機は戦艦に向つて矢の如く体当たり命中を遂げ（略）不沈を誇る敵戦艦もわが必死必中の肉弾攻撃の前に余りにも見事に撃沈し去られた。援護戦闘機隊の生井大尉な

らびに作見中尉がこの敵艦撃沈の戦果を見届けてゐる社説「神鷲の忠霊に誓ふ」は、「われらはその報道に接して、感激の極《きわみ》、いふところを知らないのである」と謳いあげた。鴻上はこう書いている。

軍の検閲があるから、こういう記事を書いたというより、こういう記事を書いた方が国民が喜んだ、つまり、売れたから書いたと考えた方がいいだろう。売れるのなら、売れる方向に記者は熱を入れる。筆を競う。それが、さらに次の特攻を用意した。

まさしく影響力の最大化を目指す「メディアの論理」の全面展開である。だが、実際には生還した「英霊」佐々木はこれ以後、特攻死を実現させるべく繰り返し出撃命令を受けることになった。軍にとっては「〔天皇の〕上聞《じょうぶん》に達した戦果」を修正できないという体面の問題だが、新聞も一度報じた「美談」を誤報として謝罪しようとはしなかった。それればかりか佐々木伍長に関して、一か月後の一二月九日付『朝日新聞』は何の訂正記事もなく「三度目の出撃奏功 佐々木伍長戦艦に体当り」と再び顔写真入りで報じている。さすがに先の記事と辻褄が合わないことが気になったのだろう。言い訳じみた導入に続き、見てきたような作文が展開されている。

この佐々木伍長こそ去る十一月十二日第一回万朶《ばんだ》隊総攻撃に参加し、一たびは体当りと味方からも認められるほど敵艦に近づいたが突込みの角度悪く機首を上げて再度敵を狙ふうち遂に雲に妨げられ怨みを呑んで基地に帰着した佐々木伍長だつた、（略）直掩機《ちょくえんき》にちらりと眼を配つたのが最後だつた、そのまゝ吸はれるやうに敵戦艦（または大巡）に飛行雲の尾を引いて突入していつた、猛焔《もうえん》と轟音の中に佐々木伍長の若い肉体がパッと万朶の桜と咲いた、瞬間上空にあつて同機の敢闘状況を確認してゐた直掩機は伍長の烈しい攻撃精神をはつきりと心に受け止めてゐた

この「英霊」の出身地や家族構成まで詳しく紹介されている。ここまで書かれると家族も戦死を信じるほかないだろう。そのため、佐々木の実家では二度目の葬儀が営まれたという。何ともひどい話である。

特攻記事と世論高揚の関係についても鴻上は計量的分析を行っている。特攻作戦開始から終戦までの約一〇か月、『朝日新聞』が第一面で取り上げた特攻記事は一二八回、つまり二、三日おきに特攻記事が第一面に登場していた。このうち「センセーショナルに打ち出した」と鴻上が認定する記事は、一九四四年に三一回、四五年に五五回を数える。

玉砕と転進が続く記事の中で、特攻隊に関する文章は、どんな「戦果」よりも勇壮で、情動的で、感動的でした。（略）国民は感動し、震え、泣き、深く頭《こうべ》を垂れました。そして、結果として、戦争継続への意志を強くしたのです。

特攻の戦果報道の大半はメディア流言と評すべき内容だが、このような国民世論への効果があったとすれば、軍部も戦果としては期待できない特攻を中止できなくなるはずだ。総力戦においては、前線での武力戦よりもそれを支える銃後の心理戦が重視されたからである。その意味で、虚構と知りながら、心理的効果、すなわち感動を優先する「メディアの論理」で特攻記事を掲載した新聞の責任は重い。戦後においても、事実よりも読者への効果を重視するジャーナリズムに本質的な変化はない。

一九七〇年代の朝日新聞大阪本社読者応答センターでの業務をまとめた神楽子治《からきしげはる》『新聞の〝誤報〟と読者』（一九七七）はこう述べている。

新聞と読者との接点に立ったとき、新聞が虚か実か、読者が実か虚か、時と場合によってさまざまな現れ方をする。いずれにしても、「朝日」を守る立場から、たてまえ論を基調に突っぱねてきたケースも少なくなかった。

慰安婦報道も「たてまえ論を基調に突っぱねてきたケース」といえるだろう。戦後の新聞誤報を考える上でまず参照すべき著作は、自社の誤報記事に厳しいメスを入れた後藤文康『誤報——新聞報道の死角』(一九九六)である。朝日新聞社記事審査部長など歴任した後藤は、保守系メディアから「偏向報道」と批判されてきた一九七〇年代の中国「文革」報道、一九八二年の教科書検定報道、一九九〇年の「戦没学徒の遺書」事件などを「歴史認識に引きずられた事件」として詳細に検証している。外交問題に発展した教科書検定における「侵略」から「進出」への書き換え誤報、このB－I(推定記事)については社史にも詳しいので、ここでは偽証を鵜呑みにしたA－I(宣伝記事)の「戦没学徒の遺書」事件を紹介しておこう。

一九九〇年八月一六日付『朝日新聞』の社会面トップは「学徒の婚約者は死地へ　秘め続けた遺書　今……　戦後45年、初めて語る」の大見出しで、六二歳女性の悲話を紹介した。婚約者の東大生は反戦思想の持ち主で特高に連行され、特攻隊で戦死したという内容だが、読者から疑問の問い合わせが殺到した。調査の結果、婚約者の学歴は異なり、逮捕歴もなく、特攻隊員でもなかったことが判明した。朝日新聞社は同八月二五日付で「おわび」を掲載している。

裏付け取材を怠り、女性の記憶だけに基づいて記事を作成した結果、記事全体が根拠を欠くものとなりました。その責任は重く、わだつみ会はじめ関係者、読者のみなさまにご迷惑をおかけしました。深くおわび申し上げます。

この誤報で記者は降格処分になっているが、後藤は次のように総括している。

美化したり粉飾したりした体験を、いかにも歴史的な真実であるかのように語り継ぐことは、戦争と平和を考えるうえで決してプラスにはならない。それがキャンペーン的に扱われた場合はなおさらである。

この「戦没学徒の遺書」事件の二年後、一九九二年に歴史家・秦郁彦の現地調査により吉田清治の「慰安婦強制連行」証言がデタラメだと実証されたとき、なぜすぐに同様の記事撤回と謝罪ができなかったのか。右に確認した朝日新聞関係者による過去の誤報論がまさしく正論であるからこそ、誤報の防止は困難に思えてくる。文句の付けようのない対策が何度も提案されながら、しかも誤報が繰り返されるということは、そうした対策に実効性がないことを意味している。歴史を刻む「記憶紙」で誤報が生まれる背景には、歴史的事実よりも国民的共感を重視する「歴史のメディア(広告媒体)化」があるはずだ。

「歴史のメディア化」と「八月ジャーナリズム」

明らかな虚報が長期にわたって放置された歴史的事例として「玉音放送」報道を見ておこう。というのは、戦前の「嘘をつかされた新聞」と戦後の「真実を伝える新聞」の分水嶺を一九四五年八月一五日とする「八・一五終戦」神話がいまだに根強く残っているからである。

実は『朝日新聞』が特集「慰安婦問題 どう伝えたか」(本章扉図)を掲載した二〇一四年八月五日、私は『八月十五日の神話――終戦記念日のメディア学』(ちくま新書、二〇〇五)の文庫化に向けた加筆作業を行っていた。この本の目的の一つは、「八月ジャーナリズム」批判である。八月六日(広島原爆忌)から八月一五日(終戦記念日)の間に戦争報道を集中する「八月ジャーナリズム」は、記憶の継承よりもその忘却へ補助線を引くイベントになっているのではないか。あるいは、こう言ってもよい。事実関係と客観性を重視する「歴史の論理」からすれば、終戦記念日はポツダム宣言を受諾した八月一四日、あるいは降伏文書に調印した九月二日とすべきである。だが、現行の八月一五日は感動や教訓の最大化を目指す国民一般(読者)向けの「メディアの論理」で選ばれた記念日である。

また、英霊供養のお盆と玉音放送の記憶を重ねた終戦記念日は、果たしてグローバル時代にふさわしいものなのかどうか。戦争とは相手のある外交事項であり、その記憶で無視できないのは敵対した他者の存在である。だとすれば、「終戦日」はグローバル・スタンダードである連合国の九月二日（VJデイ）にあわせるべきである。結局、「忠良ナル爾臣民《なんじしんみん》」に告げられた内向き《ドメスティック》な玉音放送の八月一五日を終戦記念日とする「八月ジャーナリズム」こそ、歴史的事実よりも国民的共感を重視する「歴史のメディア化」の象徴なのだ。

この国民的共感を優先する「八月ジャーナリズム」のシンボルが玉音放送の写真である。私は『八月十五日の神話』で八・一五終戦記事と「玉音写真」の検証を行い、それが「予定原稿」と「やらせ写真」による世論誘導であった可能性を指摘した。『増補　八月十五日の神話』（ちくま学芸文庫、二〇一四）から追記した当該二箇所を示しておきたい。

①一九四五年八月一五日付『朝日新聞』（東京本社版）に掲載された「玉砂利握りしめつゝ　宮城を拝した〻涙」は、末常卓郎《すえつねたくろう》記者が宮城前で取材し「十二時半ごろ」整理部に渡したと『朝日新聞社史』（一九九五）は書いていた。新書（二〇〇五）ではそれが不可能であることを示し、現場を見ていない創作記事であることを示唆した。文庫版で以下の註記を新たに挿入した。

朝日新聞社は二〇〇九年八月一〇日付夕刊「検証・昭和報道」第九一回において、この記事が予定稿だったことを正式に認めた。末常卓郎記者の証言が朝日新聞OB会報から引用されている。「「十四日に皇居前へ行ってあしたの朝刊に皇居前の模様を書け」というので、一四日に原稿を作って、十五日の朝もう一度行って、皇居前の模様を見て、手を入れたわけです。」この証言を全面的に信用しても、皇居前に行ったのは「十五日の朝」であって、玉音放送の正午ではない。

つまり、「玉砂利握りしめつゝ　宮城を拝した〝涙」は見てきたような嘘の情景が描かれている。それは国民が振る舞うべき模範的姿を示すことをねらったプロパガンダである。その意味では、先に引用した特攻賛美の社説「神鷲の忠霊に誓ふ」と連続的な論理の展開である。一九四五年八月一五日の新聞は、断じて戦後の出発点などではない。

②玉音放送直後に配達された八月一五日付『朝日新聞』(大阪本社版)の「国体護持を祈りつゝ宮城前広場に涙のお詫びをする民草」(図6-1)が事前に撮影された「やらせ写真」であることも新書(二〇〇五)で検証していた。文庫版の箇所には次の註記を挿入した。

朝日新聞社は二〇〇九年八月一二日付夕刊「検証・昭和報道」第九三回において、一九四五年八月一五日朝刊大阪本社版の「玉音写真」が「八月一四日夕五時二五分に東京本社から受け取った」電送写真であることを公表した。

この註記を私は朝日新聞社を批判すべく挿入したわけではない。むしろ逆である。誤りを訂正し読みごたえのある連載「検証・昭和報道」に仕上げたことは評価している。誤報が立派な調査報道の素材になりうることの見本なのだ。

私は二〇〇七年四月から二〇〇九年三月まで朝日新聞社紙面審議会委員をつとめていた。紙面審議会のスタートは同紙夕刊の長期連載「新聞と戦争」の開始と同時だった。私は二〇〇七年五月の紙面審議会でその第一部「それぞれの8・15」の記述を批判的に取りあげた。手元にある紙面審議会の速記録データから私の発言部分を引用しておこう。

図6-1 「国体護持を祈りつゝ宮城前広場に涙のお詫びをする民草」(佐藤卓己『増補 八月十五日の神話――終戦記念日のメディア学』ちくま学芸文庫，2014年より)

「この問題は、単に八月十五日の写真が、そもそも本物なのか、ニセモノの写真なのかということだけではないと思います。戦時中の報道写真が、そもそもどういう形で創られたものなのか、さらに言えば、この八月十五日が普通は「戦後」の起点だというふうに考えられるけれども、まだ「戦中」であり検閲を経て創られた写真や記事だという事実を、やはり一般の読者がわかるように書くことが、「新聞と戦争」を考える上で重要なのではないでしょうか」

紙面審議会における朝日新聞社側の対応は非常に誠実だった。事前に大阪本社所蔵の写真現物の裏面コピーも取り寄せてくれたので、それが前日の日付で電送係のスタンプが押された「予備写真」であったことも確認できた。たとえ二〇〇九年の連載「検証・昭和報道」でこの事実を公表するまでに二年を要したとしても、紙面審議会での私の発言が無駄ではなかったと得心できた。

結局、誤報はあってはならないとする職業規範において、あってはならないものの存在は例外的とみなされ、例外を検証するシステムは構築できないということではないだろうか。二〇一四年一二月五日、新たに就任が決まった渡辺雅隆・朝日新聞社社長が記者会見でようやく「誤報の可能性を前提とした対策が必要」と発言している。逆に言えば、これまで誤報の可能性は前提ではなかったということである。特集「慰安婦問題 どう伝えたか」の掲載後に起こった朝日批判も、「あってはならない」誤報という前提で燃え上がった。

しかし、誤報があってはならないというニュース観は、デジタル時代に対応しているだろうか。かつての家電製品は壊れるまで何年間も保守の必要のない「完成品」だった。一方、今日の情報機器は絶えずアップデートが必要な「不完全品」である。ソフトウェアのバグ(誤記)を修正し続け、その保守サービスの継続が製品の寿命を決める。こうしたデジタル環境では、書き換えはいつでも可能かつ必要であり、記述はアップデートを待つ暫定的性格を強く帯びている。当然ながら、最終版で記事が「完成」する新聞紙とは異なったニュース観がウェブ上で生まれている。紙媒体で誤記の訂正は「事故」扱いだが、電子テクストでそれは「通常」作業なのである。

デジタル環境で新聞が信頼性を維持するためには、誤報防止に力を注ぐより、誤報を早期に発見し正しく訂正するシステムを構築すべきなのである。そのためには「誤報欄」の常設が有効だと考える。自社記事を中心に厳しく検証し、それに訂正を加えていくことは、情報商品としての新聞に必要な保守サービスなのだ。それは記者教育であるとともに、読者のメディア・リテラシー向上にも役立つだろう。そして新聞が「生の出来事」を伝える「生きたメディア」である限り、誤報欄に「当該記事、見当たらず」が連日続くとは考えにくいからである。

しかし、保守メディアの「朝日バッシング」はこれと逆の方向を目指していたようだ。私はメディア史家として、新聞に歴史学の論文レベルでの正確さを求めるべきではないと考えている。そうした精度の要求はアクチュアルな議論を提起する公共性の機能と両立しないからである。新聞は公益性があると判断すれば、十分に裏が取れなくても、推測であることを明示する限り「期待」を大いに語ってよいメディアである。だからこそ、歴史家による後の検証に向けて新聞社は情報公開に積極的であるべきなのだ。しかし、自ら誤報を認めたことがほとんど評価されず、誤報の責任のみが執拗に追求されれば、結果として新聞社の隠蔽体質が強化されるのではあるまいか。

一方、ウェブ空間で「歴史のメディア(広告媒体)化」が加速化する現在、「日刊の年代記」という古典的役割が新聞紙に期待されることも当然だろう。しかし、歴史もまた絶えず更新され、その保守サービスが続く限り意味を持つ営みだということを、私たちは肝に銘じて忘れてはならない。

第7章
戦後の半体制メディア
——情報闇市の「真相」——

聯合軍の見た太平洋戰史
奉天事件より「ミズーリ號上降伏文書調印まで
非道な眞實隱蔽が慘めな終末を招來
知れ、軍國主義の罪惡
火の手、次第に蔓延
滿洲事變は第二次世界戰の序曲
平和外交に軍部挑戰
米、滿洲國の承認拒否

「奉天事件より「ミズーリ号」上降伏文書調印まで」
（1945年12月8日付『朝日新聞』大阪本社版，第3面）

戦後新聞の原点――真実の隠蔽と検閲の隠蔽

一九四一年一二月八日、米英二国に対する「宣戦ノ詔書」により日本は第二次世界大戦に参入した。同一二日には、一九三七年から続く支那事変も含めて「大東亜戦争」と呼ぶことが正式に閣議決定された。さらに翌一九四二年一月二日には、開戦の一二月八日を記念して毎月八日を「大詔奉戴日」とすることも閣議決定され、その日の新聞第一面には「宣戦ノ詔書」が掲載されていた。

敗戦後初めての開戦記念日、一九四五年一二月八日の全国紙には「連合軍の見たる太平洋戦史――奉天事件より「ミズーリ号」上降伏文書調印まで」(本章扉図、以下「太平洋戦史」と略記)が掲載された。同一二月一七日まで全一〇回の連載「太平洋戦史」は連合国最高司令官総司令部(GHQ)が各新聞社に掲載を命じたものである。

それは「新たな戦争」の幕開けだった。「先の戦争」で軍部のいいなりだった新聞は、次の新たな情報戦ではGHQのいいなりとなる。さらにGHQはこの連載中の一二月一五日、「大東亜戦争」という言葉の公的な使用を禁止した。これにより「日本国民の戦争観の「矯正」」を図ったわけである(吉田裕、二〇〇五)。

このアメリカ公認の戦争観で注目すべきポイントは、「太平洋戦史」冒頭のトップ見出し、「非道な真実隠蔽が惨めな終末を招来――知れ、軍国主義の罪悪」にある。それは「真実を隠蔽する軍国主義者」と「大本営発表にだまされた国民」がワンセットの歴史認識であり、今日もなお「先の戦争」を理解する国民的常識となっている。

だが、前章でも確認したように、国民の多くは戦中のある段階から大本営発表を信用してはいなかった。そのことをGHQは冷静に分析した上で、敢えて公認の戦史で「だまされた国民」というフィクションを採用した。もちろん少数の軍国主義者と多数の国民を加害者と被害者に色分けして、相互に反目させるためである。植民地支配、あるいは占領地支配の鉄則は分割統治である。同様のくさびは平和主義者の天皇と軍国主義者の間にも打ち込まれることになる。

第二次世界大戦中の一九四二年にアメリカ全土で収集した一〇八九件の流言を分析したロバート・H・クナップは、願望流言(二・〇%)、恐怖流言(二五・四%)、分裂(攻撃)流言(六五・九%)の三つに分類した(オルポート&ポストマン、一九五二)。アメリカの戦時流言でも集団間にくさびを打ち込み社会を分断する分裂流言が圧倒的だったが、「太平洋戦史」は占領下のマスメディアを利用した分裂流言といえる。日本の総力戦体制を解体する目的で「太平洋戦史」は「戦争有罪プログラムWar Guilt Information Program」に基づき立案され、民間情報教育局(CIE)企画作戦課長ブラッドフォード・スミスを中心に執筆された。その書籍版である中屋《なかや》健弌《けんいち》訳『太平洋戦争史』(一九四六)は初版一〇万部で刊行された。それが対日心理作戦のプロパガンダであり、客観的な歴史論文と言えないことは、共同通信社渉外部長として翻訳を担当した中屋も自覚していた。

後に東京大学教授としてアメリカ史研究をリードした中屋健一(本名健弌)だが、「太平洋戦史」の翻訳により歴史を歪めた「背信の徒」(有馬哲夫、二〇一五)との批判も存在する。中屋は一九三三年に東京帝国大学西洋史学科を卒業後、学者を目指して大学院に進んだが、助教授就任の話があった九州大学で「アメリカの歴史などは歴史学の中には入らない」と反対意見が出たため、新聞記者になったという。一九三六年同盟通信社の入社試験日にちょうど勃発したのが二・二六事件である。中屋は反乱軍の包囲をくぐり抜けて一番乗りで試験会場である西銀座七丁目の同盟通信社本社に到着したため、その場で入社決定を言い渡された。同年五月、中屋は来日中のチャップリンに会ってインタビューしたが、その原稿をデスクに提出すると「チャップリンが何だ、チンポが切られたんだぞ」と怒鳴られ、阿部定事件の取材に駆り出された(中屋健一、一九八二)。著名人とのインタビュー記事は「製造されたニュース」、すなわち疑似イベント(D・ブーアスティン)だが、リアルニュースが疑似イベントより重要だとは限らない。

その後、中屋は同盟通信社の海外特派員としてマニラ支局長や海軍報道部嘱託を歴任した。敗戦後の一九四五年一一月一日に同盟通信社の一般報道部門は共同通信社、経済報道部門は時事通信社に分割されたが、中屋は共同通信社にとどまり社会部次長、渉外部長を経て一九四八年に東京大学講師に転じている。GHQ占領終了を前に中屋が執筆した「太平洋戦争をどう教えるか」(一九五二)

では、フロンティアの存在からアメリカの発展を説明した歴史家フレデリック・ジャクソン・ターナーの言葉「歴史は時代によって書き改められなければならない」の言葉を引用している。中屋にとって、敗戦後に翻訳した「太平洋戦史」は書き改められなければならない「勝者の歴史」であった。

より積極的に、「勝者の戦史」の完成に協力した日本人の知識人も存在した。その一人が政治評論家・岩淵辰雄である(竹山昭子、二〇一二)。岩淵は一九四五年四月に吉田茂らとともに早期和平の工作に加わり憲兵隊に逮捕された自由主義者である。翌一九四六年に岩淵は読売新聞社主筆となり、社論をGHQ寄りに導いた。すでに「太平洋戦史」の掲載以前から、『読売報知』など多くの新聞が激しい軍閥批判を開始していた。賀茂道子『ウォー・ギルト・プログラム――GHQ情報教育政策の実像』(二〇一八)は「軍国主義者の責任を問うことに対しては、新聞の転向も早かった」ことを確認した上で、連載記事「太平洋戦史」の影響を過大に見積もってきた先行研究に軌道修正を求めている。

これまで「太平洋戦争史」によって提示されたとされてきた「戦争の真実」のなかには、もともとCIEが提示せずとも、国民の間に実感として存在した部分が多かったことがわかる。

それはそのとおりだろう。一九四六年一月二〇日付『読売報知』は「この『太平洋戦史』は真相を語るものとして修身、歴史の教材となり、また領土の問題の変遷等で地理の対象とも、近代史の対象ともなりうる」と伝えている。実際、新聞連載をまとめた『太平洋戦争史』は、敗戦後に廃棄された修身・地歴の旧教科書の代用として国民学校、中等学校、青年学校で利用された。そもそも歴史と道徳は別物のはずだが、戦前の皇国史観に基づく国定教科書と同様に、戦後の「真相を語る」戦史においても歴史と道徳は一体とみなされた。

重要なことは、ＧＨＱが真相の語り手として「軍国主義者の真実隠蔽」を道徳的に糾弾する一方で、自分たちが検閲している事実を徹底的に隠蔽していたことである。その点も江藤淳『閉された言語空間――占領軍の検閲と戦後日本』（一九八九）をはじめ多くの研究書が指摘するとおりである。

メディア流言を扱う本書で注目したいのは、日本人が戦時＝占領期の「あいまい情報」に向き合ったときに示した一貫した態度である。確かに、「太平洋戦史」とそれをベースにしたラジオ番組《眞相箱》を含め、その内容を冷静に検討すれば、事実誤認や論理の飛躍、議論のすり替えは多い（櫻井よしこ、二〇〇二、保阪正康、二〇〇三）。戦史研究の立場からも、アメリカ海軍の広報戦略の都合で創り出された「日本海軍善玉論」が批判されている（田中宏巳、二〇一四）。

こうした様々な批判にもかかわらず、なぜ「太平洋戦史」が私たちの歴史観を規定し続けているとされるのか。おそらく、アメリカの情報宣伝を真実だと日本人が信じているからではない。むしろ、「大本営発表」のウソを聞き流すことができた日本人は、同じように「太平洋戦史」の真相を信じるふりができた。軍人にすべての責任を押し付ければ、自分たちは「だまされた」被害者でいられるからである。メディアも軍国主義者に戦争責任を集中することで、すみやかに自身を反戦・平和の陣営に置けた。「真相ジャーナリズム」とは、米軍の対日心理作戦のプロパガンダのみならず、こうしたメディアと読者の無責任、被害者意識との混合物なのである。

ラジオ番組《眞相はかうだ》の逆効果

CIEが手がけた対日心理戦のプロパガンダとしては、わずか一〇日間の新聞連載「太平洋戦史」よりも、それをドラマ化して翌日から約三年間ラジオで放送された《眞相はかうだ(Now it can be told)》(一九四五年一二月九日～一九四六年二月一〇日)や応答形式の《眞相はかうだ・質問箱(Now it can be told-Question Box)》(一九四五年一二月九日～一九四六年二月一〇日)、《眞相箱(Truth Box)》(一九四六年二月一七日～一一月二九日)、《質問箱(Question Box)》(一九四六年一二月一一日～一九四八年一月四日)などの番組に注目すべきである。GHQ文書「日本における放送」(一九四六年二月)で、《眞相はかうだ》の目的と番組形式はこう規定されている。

〔目的〕 日本国民に対し、戦争への段階と、戦争の真相を明らかにし、日本を破滅と敗北に導いた軍国主義者のリーダーの犯罪と責任を、日本の聴取者の心に植え付ける。
〔番組形式〕 簡単な第二次世界大戦史を、劇的ナレーションスタイルで提示する。この連続番組は、CIEが企画・制作する。

重要なのは、「連合軍司令部提供」が明示されていた新聞の「太平洋戦争史」と異なり、この日本放送協会(NHKの略称使用は一九四六年三月四日以降だが、以下NHKに統一)のラジオ番組ではCIEが企画・制作した事実も隠蔽されていたことだ。全一〇回の三〇分番組は一九四五年一二月九日(日曜日)午後八時のゴールデンタイムにNHK第一・第二の同時放送で始まった。高聴取率をねらって、前枠に人気絶頂の徳川夢声《千夜一夜譚》、後枠には人気女優・轟《とどろき》夕起子出演の《歌と軽音楽》で編成された。しかも再放送が勤労者向けに昼休みの月曜日一二時三〇分から、学校向けに木曜日午前一一時、児童向けに同午後五時と毎週三度も繰り返されている。当初はキングレコードに録音盤を製作させ、それを海外の収容所や学校など団体にまで送付する計画も存在した。

脚本担当はCIEラジオ課のウィンズ中尉、演出は同ウァームサー大尉である。モデルとされた番組はアメリカ三大ネットワークの一つCBSラジオ(のちにNBCラジオに移動)の人気報道番組《マーチ・オブ・タイム》である。その演出方法がオーソン・ウェルズの《宇宙戦争》に応用されたことは第1章ですでに触れた。ちなみに、CIE初代局長ケネス・ダイク准将は元NBCラジオ販売部長兼広報調査担当取締役だった。ダイク局長は多少強引な手法であっても間髪を入れず日本人に心理的連打を加えるべきだと考えていた。《眞相はかうだ》最終回の放送から一か月後、一九四六年三月二〇日に第四回極東委員会でこう発言している。

現在なお、いくさなのです。日本では、一種の戦闘状態にあると私は言いたいのです。平時の作戦ではないのです。

《眞相はかうだ》のナレーションで繰り返されたのは「真実」だった。番組を締めくくる言葉も「わが将兵は進軍をやめ、いまや真実が進軍を始めました」(第一回・第二回)、「そうだ、真実に根ざした新日本を建設しよう」(第一〇回)だった。

かくして、焼け跡の日本社会で「真相(truth)」は流行語となるが、このラジオ番組の邦題(直訳なら「いまこそ話そう」)になぜ「真相」という言葉が選ばれたのだろうか。当時は文字どおり「真実のすがた。事件などの本当の事情」(『広辞苑 第六版』)の意味で使われていた。少なくとも、現在の私たちのように「真相」という言葉からデマやウソ、あるいは流言やゴシップを連想する日本人は少なかった。そうでなければ、CIEがこの訳語を承認することはなかったはずだ。

一方、《眞相はかうだ》の影響力については、この番組を「失敗作」とみなす評価が説得的である

（竹山昭子、二〇〇二）。結論からいえば、「眞相はかうだ」を「眞相はうそだ」と認識した日本人が多かった。録音資料は一部しか現存しないため、竹山の研究からこの番組内容を確認しておきたい。第一回放送の導入部でアナウンサーはこう呼びかけた。

「今こそ、真実のお話が出来ます。これは、全日本国民に戦争についての真相を明かす初めての番組です。これは皆さんに直接関係のある話であり、皆さんを暗闇の世界から明るい世界に連れ戻す為の話です」

少年・太郎の問いに民主主義的な知識人の叔父さんが応答する形式で番組は進行する。軍靴の音など効果音を入れたドラマ仕立ての番組は、ベートーベン第五交響曲「運命」が流れ、アナウンサーが「今や真実が進軍を始めました！」と結んで終わった。「第五交響曲」が選ばれたのは、戦時下のアメリカで展開された、Victory（勝利）の頭文字Vをローマ数字読みした「ファイヴ運動」に由来するという。当然ながら、ＮＨＫはこの番組に対する聴取者の反発を事前に予期していた。「危害を加えられるかも知れないというので、出演者その他スタッフの名前は一切発表しないとの約束」で東京放送劇団団員との出演交渉は行われた（濱田健二、一九五四）。

第二回目以降は叔父さんの幼なじみの軍人・中西三郎少佐も対話に加わり、最終回は太郎少年の決意表明「そうだ、真実に根ざした新日本を建設しよう！」で終わる。登場人物は日本人だが、語る内容は「アメリカ標準」に徹していた。たとえば、終戦日も玉音放送の八月一五日ではなくポツダム宣言受諾の八月一四日、あるいは九月二日の対日戦勝記念日（ＶＪデイ）とする連合国の立場が主張されていた。最終回で叔父さんはこう語る。

「我が代表が米国軍艦ミズーリ号の上で連合軍最高司令官ダグラス・マッカーサー元帥と会見して、降伏文書に調印したのは九月二日のことだった。だが、戦いは八月一四日で終わったんだ」

つまり、玉音放送の八月一五日は黙殺され、ポツダム宣言受諾と降伏文書調印の日付だけが強調されていた。これは後継番組《眞相箱》でも「昭和二十年八月十四日の終戦の大詔」という表記で引き継がれる。もちろん、前日にレコード録音された終戦詔書の日付が八月一四日であることは、当時の新聞読者には周知のことであった。しかし、興味深いのは《眞相はかうだ》の元木である『太平洋戦争史』では「八月一五日、日本は絶対的な無条件降伏に同意し」と誤記ないし誤訳されていることである。皮肉なことだが、日本人協力者が介入する余地は「建前では自主制作」のラジオ番組より「ＧＨＱ提供」の活字記事のほうで大きかった。連載内容は各紙でタイトルや見出しばかりか、表現や分量にもかなりのちがいがあった（三井愛子、二〇一二）。

いずれにせよ、日本人が八月一四日と九月二日を忘却し、八月一五日を終戦記念日として主体的に選び取ったとすれば、その一因として《眞相はかうだ》の押し付けイメージもあげるべきかもしれない。

ＮＨＫには放送直後から「いまわしい番組」を非難する手紙が殺到した。各新聞にも番組に対する抗議の投書が寄せられたが、そうした「声」の新聞掲載をGHQは許さなかった。例外的に、「あの劇的解説の衒気に満ちた表現」を厳しく批判する匿名のラジオ評が専門雑誌『放送』(一九四六年三・四月合併号)に載っている。

〝真相は知りたいが、あの放送を聞くと何か悪寒を覚える。この解説者は果してわれわれと手をつないで日本の再建のために起ち上る同胞であろうか〟とはわれわれの周囲の大多数の者の見解であった(白法師)。

作家・宮本百合子は『放送文化』(一九四六年六月号)の鼎談「批判と提言」で、「同じ放送局がよくも斯ういふことをまあ平気で放送する」と辛辣な感想を洩らしている。大本営の《軍事発表》も《眞相はかうだ》も同じ日本放送協会が放送し、どちらも同じ受信機で日本国民は聴いていた。日本映画社製作部長だった岩崎昶《あきら》も『占領されたスクリーン』(一九七五)でこう回想している。

日本人の多くが、そんな真相なんかいまさら親切ごかしに教わりたくなんかない、と、胸クソ悪がっていたのである。

日本国民の拒絶反応を見て、ＣＩＥは後継番組《眞相箱》でスタイルを大幅に変えた。罪悪観を強制的に押しつけるのではなく、「日本国国民が自由に表明した」質問に答える形式が採用された。もちろん、それはポツダム宣言の第一二項（日本国国民が自由に表明した意思に従い平和的傾向の責任ある政府の樹立を求める）における「自由」、つまり軍事占領下の「平和」、検閲下の「表明」にほかならない。

奇妙なことに、活字化された『眞相はかうだ』（聯合プレス社、一九四六）はドラマ形式ではなく応答形式のラジオ番組《眞相箱》の再録である。その続篇『眞相箱』（コズモ出版社、一九四六）も大々的に広告されたが、先行番組《眞相はかうだ》は予定されていたレコード化はおろか活字資料さえほとんど残されていない。それはラジオ・ドラマ《眞相はかうだ》の逆効果を消し去り、後継番組《眞相箱》のイメージに塗りつぶそうとするＣＩＥの意志表示なのだろう。さらに、一九四六年一一月で《眞相箱》は終わり、番組名を《質問箱》と変えて一九四八年一月四日まで続いた。一般に《眞相箱》と総称されるこのシリーズは、その後はＰＲ番組《インフォメーション・アワー》に吸収された。そのタイトルは曜日ごとに《新しい農村》（月）、《労働の時間》（火）、《問題の鍵》のち《社会の窓》（水）、《産業の夕》（木）、《ローカル・ショー》（金）、《家庭の話題》（土）、《時の動き》（日）と名付けられた。「眞相箱（Truth Box）」はその中で戦後日本社会の放送ジャーナリズムが成立したブラックボックスなのである。それにしても、ＣＩＥが「真相」という言葉を番組タイトルから追放したのはなぜだろうか。考えられる理由は、当時人気を博していた共産党系カストリ雑誌『眞相』の存在である。

カストリ雑誌『眞相』の誕生

カストリ雑誌とは、敗戦後に簇生《そうせい》したエロ(性風俗)・グロ(猟奇、犯罪)を売り物にする大衆向け廉価雑誌の総称である。「うわさとは情報の闇市(ブラック・マーケット)である」(J・N・カプフェレ)わけだが、カストリ雑誌は占領下でも続いた活字飢餓の中で流通した闇市メディアである。一九四六年一月に創刊され二〇万部に達した『りべらる』(太虚堂書房)、「H大佐夫人」(一九四六年一二月号)で戦後初のわいせつ物頒布罪に問われた『猟奇』(茜書房)などがよく知られている。第5章の末尾で触れた本多喜久夫の『オール・ロマンス』も、小説「特殊部落」(一九五一年一〇月号)をきっかけとした差別糾弾運動「オール・ロマンス事件」で有名である。「カストリ」の由来は、創刊から三号で休廃刊する仙花紙の出版物が多かったので、「三合飲むとつぶれる」カストリ酒(粗悪な焼酎)にかけたものとされている。中味は怪しくても高値がつくのが闇市の闇市たる所以《ゆえん》である。占領下の「表現の自由」の潮流にのって出現した性風俗誌、さらに暴露雑誌的ジャンルを含めた「正統派の新聞・雑誌ジャーナリズムとはちがったもう一つのジャーナリズム」と定義できる(山本明、一九九八)。

一九四六年三月に登場する『眞相』(人民社)は「もう一つのジャーナリズム」として先駆的なカストリ雑誌である。創刊号の発行部数二万部は売り尽くし、用紙不足に悩みながらも毎号一万部ずつ増して発行部数は一〇万部に達した。ピークは特集版第一〇集「日本の悲劇――軍国美談の正体をつく」(一九四九年八月一五日発行)の一二万部である。『眞相』はエロ・グロより政治的バクロに軸足をおいたが、その成功に倣《なら》って右翼側から『政界ジープ』(一九四六年八月)や『旋風』(一九四八年六月)、左翼側から『バクロ』(一九四八年一〇月)など類似雑誌も誕生した。戦前検閲の対象だった秘事は「政治」と「性事」が中心であり、その秘事バクロの大衆的欲求の強度においてポリティックとエロティックで甲乙は付けがたい。また、戦前日本よりも徹底した検閲システムを持ち込んだGHQは、自らの解放性を誇示すべく「接吻映画」を奨励し、「戦犯告発」を慫慂《しょうよう》した。その意味では、政と性が混交したカストリ雑誌は占領政策のあだ花であり、そのほとんどが占領の終焉とともに消滅している。ごくわずかにSM雑誌に転化した『奇譚クラブ』(一九四七〜七五)などが生き残った。

『眞相』を発行する人民社は、佐和慶太郎(一九一〇年生)が一九四五年一〇月に設立した共産党系出版社である。佐和は報知新聞記者を経て一九三五年『労働雑誌』創刊に加わり、一九三七年人民戦線事件で逮捕された左翼出版人である。敗戦後、共産党に入党し政治理論誌『人民』も創刊している。一九四六年一月二四日に日本出版協会臨時総会で設立された粛正委員会では、講談社、主婦之友社など大手出版社を「戦犯出版社」と追及した中心人物として出版文化史に名を留めている。

『眞相』は理論より事実を示す「実話読物」の自己規定で創刊されたが、第二号から「バクロ雑誌」がタイトルに添えられた。当時、「共産党大衆誌」と目されていた『眞相』の創刊号(一九四六年三月一日発行)の「主要目次」は次のとおりである。「皇紀は二千六百年か千六百年か」(禰津正志)、「眞相はかうだ!(日米開戦の経緯)」、「八路軍の実体を衝く」(西里龍夫)、「張作霖は誰が殺した?」(ヴェスパ)、「よみもの天皇紀　雄略天皇仁慈伝」(秋月俊一郎)。

禰津《ねづ》正志《まさし》は反ファシズム雑誌『世界文化』同人として人民戦線事件で検挙された歴史家「ねずまさし」である。アムレトー・ヴェスパの手記は『中国侵略秘史——或る特務機関員の手記』(大雅堂、一九四六)として公刊されている。西里は上海で中国共産党に入党した元同盟通信社記者であり、終戦後に釈放された日本共産党幹部である。秋月俊一郎(のち『眞相』編集長・松原宏遠のペンネーム)も『時局新聞』(一九三二〜三六)編集長として人民戦線事件で逮捕歴があった。そのイデオロギー色は鮮明である。それ以外の記事も、朝日、毎日、読売など大新聞社の共産党員記者が協力して書いていた。

それにしても不思議なことに、雑誌『眞相』とラジオ番組《眞相はかうだ》の関係を論じた研究は見当たらない。むしろ占領期の出版史では、この左翼雑誌がＧＨＱの検閲で厳しく弾圧されたことばかりが強調されてきた。『眞相』はＣＣＤ(民間検閲支隊)が「共産党影響下 communist inspired」と認定し、事前検閲した雑誌である(山本武利、一九九六)。だが、『眞相』創刊号にはラジオ番組《眞相はかうだ》が文字起こしされ、「本誌への掲載は聯合軍司令部ラジオ班の好意で特に許可されたもので、この点厚く感謝する」と謝辞が記されていた。続く第二号(一九四六年四月)にも「眞相はかうだ（太平洋戦争の眞相）」、第六号（一九四六年一一月）には「眞相箱」が再録されている。つまり、『眞相』はCIE広報誌のような役割も演じており、同じ「眞相」をタイトルに含むラジオ番組と無関係だと考えるほうが無理なのである。

うがった見方をすれば、露骨な天皇制批判はラジオ番組《眞相はかうだ》でも抑制されていたため、それに不満を抱くCIE内部の急進派が『眞相』に「好意」を示した可能性もあるだろう。『眞相』の「創刊のことば」を引いておこう。

生れて初めて耳の栓を抜かれた国民に、目隠しを外された人民に、昔から今におよぶ一切のデタラメを暴露し、すべての真実を伝へる時、七千万の同胞は始めて満洲事変以来の戦争が、果して聖戦であつたかどうか？　天皇制政府の本質は何であるか？　を明らかにし得るのである。（略）理窟でなしに事実により、天皇制、資本主義機構の徹底的解剖を行ひ、人民諸君に対する民主主義教育の一助たらんとする次第である。

次頁には「あの眞相を発表しろ！（課題及び原稿募集）」の社告があり、ラジオ番組《眞相箱》と同じく受け手の自主性を動員することが模索されている。しかし、佐和は「眞相鋏厄史《きょうやくし》」全一二回（第五七〜七三号、以下『眞相』は号数のみ略記）でGHQからの言論弾圧ばかりを強調しており、「眞相はかうだ」の誌面掲載については何も語っていない。さらに後年の「人民社と『眞相』のころ」（一九七〇）では誌名の由来についてこう回想している。

　理論的にではなく具体的事実を知らせることが大衆を啓蒙するためには必要だと、日頃から考えていたものだから、そこでハッと「真相」という題名を思いついたわけですね。戦争中に「生命の実相」という新興宗教の本があって、それに似ていて宗教くさいからおかしいという人もあったが私は「真相」という題名を思いついた時、直感的にこれはいけると思った。

ラジオ番組《眞相はかうだ》との関係を隠すために、無理に谷口雅春『生命の実相――生長の家聖典』（一九三二）に言及する印象操作のように思える。起源の説明からして「真相」は信用できない。いずれにせよ、『眞相』の革命路線とGHQの占領政策の溝は徐々に拡大していった。『眞相』が第九号（一九四七年五月一日発行）以降「バクロ雑誌」をやめて「民衆の雑誌」と名乗ったのも、そうした政治状況への対応なのだろう。とはいえ、この「民衆の雑誌」で目に付くのは非共産党系「進歩的文化人」が戦時下でおこなった翼賛発言のバクロ記事である。山下一郎（佐和のペンネーム）が「石橋湛山の戦犯記録――これでも自由主義者か？」（第九号）、「銅像追放女史《いちかわふさえ》ついに追放さる」（同）、「聖戦の讃美者　森戸（辰男）新文相の仮面を剥ぐ――問題の書「戦争と文化」とは？」（第一〇号）、さらに「参議院の戦争協力者を衝く」(同)では「岩波文化人」山本有三を厳しく批判している。

この有力なる反動文士が、一たび終戦を迎えるやサッと廻れ左をやつて、戦時中から自由主義者で一貫したと宣伝し、「同心会」なるものを組織して岩波書店から雑誌『世界』を出版、再びアツカマしい便乗ぶりを発揮している……。

こうした自由主義者の戦時下発言録は、のちに右翼雑誌『全貌』(一九五二年創刊)などで利用され、『進歩的文化人――学者先生戦前戦後言質集』(全貌社、一九五七)に集大成された。「進歩的文化人」の戦前発言のバクロがまず共産党系『眞相』から始まったことは記憶しておくべきだろう。

「民衆の雑誌」路線では政治的批判に加えてエロ的・ゴシップ的要素も増加した。たとえば「東洋のマタ・ハリ川島芳子は何をしたか?」(第一〇号)、火のない処に煙はたたぬと〝怪文書〟を全文引用した今野時太郎「社会党内の怪文書事件の真相」(第一一号)などである。こうしたスキャンダリズムの「大衆化」路線に舵を切ったため、共産党内部の手近な政治情報を商品化する誘惑にも抗しきれなかったようである。「徳田・野坂の対立の真相」(第一七号)など党内のうわさを伝える記事まで登場している。

「反天皇制」の炎上ビジネス

今日、雑誌名で「眞相」といえば、多くの読者は『噂の眞相』(一九七九〜二〇〇四)を思い出すのではないだろうか。その編集長兼発行人は「スキャンダル・ゴシップ雑誌の先達ともいうべき『噂』と『眞相』をヒントにした」と書いている(岡留安則、二〇〇五)。『噂』は流行作家・梶山季之《としゆき》が一九七一年に私財を投じて創刊した「マスコミ・文壇ゴシップ誌」で、一九七四年二月に休刊している。岡留が「その精神を引き継いだ」とリスペクトする「もっとも過激なバクロ雑誌」『眞相』については、こう紹介している。

佐和氏は、雑誌の表紙に戦争で荒廃した日本各地を帽子を振って行幸して歩く昭和天皇の顔写真を箒《ほうき》にすげ替えるというコラージュのイラストを載せた。さらに特集記事の中でも、最近のメディアでは信じがたいような天皇家のスキャンダル記事を掲載し続けたが、最終的には政治家たちによる集団名誉毀損訴訟を起こされ、雑誌は潰されたのである。

「天皇は箒である」と題されたコラージュは第一一号の口絵であって表紙ではないが、天皇行幸を前に道路や建物の清掃を最優先とする地方自治体の官僚主義を痛烈に風刺している。この「天皇箒事件」は国会でも取りあげられ、一九四七年一〇月四日に自由党・明礼輝《みようれい》三郎議員らは不敬罪で検事局に告発した。だが、その翌々日に衆議院で不敬罪廃止の刑法改正案が成立している。佐和は「議会で『眞相』問題となる」（第一三号）で、次のような啖呵を切っている。

問題は働く国民がこのインフレ下どう暮しているかも知らないクセに、のこのこ歩き廻ってオ世辞をふりまくこと。そのまたお膳立をやつて無用の予算を浪費する官僚の時代サクゴ。

不敬罪での告発さえも『眞相』の知名度アップに活用した計画性は、舞い込む脅迫状や激励状に言及する同じ号の編集後記から読み取れる。「編集部の壁は今これらの賛否両論が張り出されてにぎやかである」。まさに炎上ビジネスである。とはいえ、天皇制批判は創刊号から連載された「よみもの天皇紀」以来、同誌の売り物であった。それは記紀や古典から天皇家に関するゴシップを紹介するもので、「称徳天皇淫蕩伝」（第五号）などカストリ雑誌風のスパイスが効いているが、内容そのものは中学生でも知っていることである。内容よりその表現に反発したまじめな読者からの投書も少なくなかったようだ。著者の秋月俊一郎（松原宏遠）は、第六号で以下のように開き直っている。

不敬だなどといきまくのであれば、それよりも前に古事記から神皇正統記、大日本史のたぐひをすべて発売禁止にするやうな運動でもおこさなければ辻褄があはない。

図7-1 『ヒロヒト君を解剖する』特集版第2集(1948年10月)

そうした歴代天皇よりも昭和天皇のゴシップが一般読者の関心を引いたことは確かだろう。特集版第二集『ヒロヒト君を解剖する』(一九四八年一〇月)は一〇万部を売り切っている(図7-1)。この特集号の表紙に刷り込まれた主要記事は、「優生学からみたヒロヒト一家」「各界名士 天皇は退位すべきか」「外国人は天皇をどうみる」「皇后良子色盲事件の真相」「その時 ヒロヒトは何といったか」の五本である。戦争責任や退位の是非を問う一二三名の名士アンケートでは、山川均から林房雄まで三九名の回答とともに、津田左右吉から宮本百合子まで「回答をサボつた人々」の実名を列挙している。こうした『眞相』記事が侮辱罪に問われないと判明した時点ではじめて今日の週刊誌の皇室ジャーナリズムは成立した。この路線を突き進んだ『眞相』は、スクープ「ヒロヒトを父に持つ男——天皇家の大秘密」(第四三号、一九五〇年七月一日発行)で大失態を演じることになる。口絵「現人神のいけにえ」の写真もショッキングだが、冒頭のリードから凄まじい内容である。

いったい、こんなことがありうるだろうか？　身は、現天皇ヒロヒトの皇庶子と生まれながら、絶対の権威の保持のために、片足を切断され、梅毒菌を注入され、四六時中数名のスパイに監視尾行され、しかも愛する妻までがスパイであったとは!!

長崎県佐世保市の行村正（二八歳）の告白を「客観的なジャーナリストの立場」で報じるルポルタージュである。そもそも行村本人が「御落胤《ごらくいん》」のうわさを現地の新聞記者に否定しており、行村の告白は宮島豊（アカハタ九州総局長）の夫人だけが聞いていた。しかも、宮島夫人も行村を精神的な病ではないかと疑っていたようだ。記者はそうした伝聞にそって行村にインタビューし、更なる調査と第二報を約束して記事を結んでいる。

もちろん、次号に続報はない。それはまったくのガセネタだった。だが、編集部は特ダネとして「各界名士」のコメントまで掲載している。三笠宮崇仁《みかさのみやたかひと》「初耳です」、宮内府長官・田島道治《みちじ》「何の心当りもない」、日本弁護士連合会人権擁護委員長・山崎佐《やまざきたすく》「とにかく何もいいたくありません」、元貴族院議員・古島一雄「興味もない」などはまともな対応だが、弁護士・山崎今朝彌《けさや》「今までの歴史からいっても、それはありうることだと思う」、小説家・丹羽文雄「僕は別に驚かんね」など無責任なコメントも掲載されている。むろん、山崎や丹羽が本当にそう語ったかどうかも、今となっては疑わしい。
こうしたデタラメな報道の背景には、共産党の内紛に巻き込まれた『眞相』編集部の窮状もあったのだろう。同年一月のコミンフォルム批判で共産党は所感派と国際派に分裂し、激しい内部抗争が続いていた。「御落胤」記事を掲載した第四三号の「編集後記」にもその影は及んでいる。

本誌前号の「危機に立つ日本共産党」の記事に共産党書記局と統制委員会が腹を立てて、「党機関によるこの雑誌の取扱を今後停止する」と発表した。その理由とするところは、あの記事が「悪意にみちたデマに粉飾されている」からだそうだ。

『眞相』編集部はこの機関購読停止に反発し、証拠もないのに「スパイだのデマゴーグだのと、簡単にレツテルを貼つて相手をやつつける傾向」をもつ共産党幹部を批判している。しかし、証拠もなく「ヒロヒトを父に持つ男」をスクープしたスキャンダル雑誌がそれを書いても説得力はない。
この前年、一九四九年四月五日に『眞相』は「新代議士エンマ帖」（特集版第六集）の記事で花村四郎議員から名誉毀損で告訴され、その三日後には「宇垣と民自党の選挙資金」（第二八号）で池田勇人、佐藤栄作など六四名の議員から連名で同様に告訴されていた（「『眞相』告訴の眞相」第三〇号）。その裁判記事は「この勝負いかが相成りますか、そこは報道機関のありがたさ、逐一御報告に及ぶから愛読者諸氏の御期待を乞う」と結んでいるが、有田二郎、赤尾敏《びん》などからも別件の名誉毀損で告訴が続いた。「『眞相』告訴の策謀を衝く」(第三三号)によれば、一九四九年七月一九日に東京地検による家宅捜索があり、佐和社長と松原宏遠編輯局長が「証拠隠滅する恐れあり」として逮捕され、同二二日の仮釈放まで勾留されていた。この裁判の背後には「左翼的バクロ雑誌などは、このさい一掃するつもりである」と息巻く吉田茂首相がいると同記事は伝えている。一九五〇年一月二四日開始された公判では『眞相』側には布施辰治、正木ひろしなど錚々たる人権派弁護士が並んだが、結局は『眞相』側の敗訴に終わっている。

この反体制メディアは皇室批判とともに大新聞社やNHKなどマスメディアへの批判も強めていった。山田英次「新聞の世論調査はこうして作られる——〝朝日〟〝毎日〟世論調査の正体」(第二三号)が典型的だろう。「いま商業新聞が狙っているのは、保守勢力の武器としての世論造成であるかのごとき感を、われわれは受けるのである」と結ばれている。しかし、名誉毀損裁判の続発に加えて「御落胤」フェイクニュースが致命傷となり、『眞相』は第五六号(一九五一年一月下旬号)で休刊に追いこまれた。

反米メディアと半体制メディア

その休刊から講和と独立をはさんで二年半後、一九五三年一一月、B5判からA5判にダウンサイズされた『真相』(字体は新字に変更)が復刊された。このとき雑誌編集の重心は「反天皇」から「反米」に移動していた。「復刊のことば」はこう宣言している。

> 端的に言えば、「アメリカに帰ってもらう世論をつくる雑誌」をつくるのである。日本の民主化、日本の平和、日本の独立、要するに日本国民の幸福は、まずアメリカに本国へ帰ってもらうことから始まると確信する……そのためには売国的なパンパン政治家、資本家、高級官僚、労働ボスはもちろんのこと、これをあやつるアメリカ魔王のカラクリまで、普通の新聞雑誌ではとても書けない真実を、手のとどくかぎり斬って斬って斬りまくりたい。

復刊三号の特集「アメリカ兵の性生活」には、五島勉《べん》「パンツを脱いだ司令官」がある。表紙裏の広告にも五島勉編『続日本の貞操』(蒼樹社、一九五三)の広告が置かれている。「怖るべき外国兵の性犯罪の全貌!」の惹句に、「女狩りグループの内幕、朝鮮に連行された女性たち……」と扇情的な内容紹介が続く。五島勉の名前に聞き覚えのある読者も多いはずだ。一九七〇年代に『ノストラダムスの大予言』(祥伝社、一九七三)などで地球滅亡の危機予言を煽ってベストセラーを連発したオカルト作家である。五島の場合、性的非行を繰り返したアメリカ占領軍、そのユダヤ・キリスト教的偽善への反発が、そのノストラダムス解釈に含まれる「ユダヤ=フリーメーソン陰謀論」につながったと考えるべきだろうか。もちろん、第一次『眞相』でも陰謀論への接近は確認できる。第一五号(一九四八年二月一日発行)の表紙にはフリー・メーソン入団式の秘儀が描かれており、時事通信社編集局長・井上勇「ユダヤ民族の世界陰謀?「フリー・メーソン」の正体」が掲載されていた。井上の文章そのものは偏見の少ない歴史記述だが、同じ誌面に埋め込まれた「マッカーサー元帥にフリー・メーソン最高勲章」の囲み記事が、読者を陰謀論にいざなっている。

アメリカのトルーマン大統領は朝鮮戦争勃発のおよそ二か月前、一九五〇年四月二〇日に共産主義陣営への対抗宣伝である「真実のキャンペーン Campaign of Truth」の開始を宣言した。それは「ウォー・ギルト・プログラム」を含め戦時情報局が第二次世界大戦中に企画した心理戦を冷戦に応用したものである(松田武、二〇〇八)。その意味でアメリカでは冷戦終結まで「真相の時代」が続いていた。アメリカの「真実のキャンペーン」に対して、第二次『真相』は反米色を前面に打ち出したが、反基地闘争から六〇年安保闘争にいたる反米ナショナリズムの高揚に乗じることはできず、一九五七年三月号で廃刊となった。

かくして「『真相』の時代」は高度経済成長を前に終わっていた。『真相』で「闇市の真実」を知りたいと思う読者はもういなくなり、GHQ占領期の記憶も薄れ、いかがわしい響きだけが「真相」に残っていた。つまり、日本人にとって「真実の時代」は独立とともに終わっていた。当時だれもそれを「ポスト真実の時代」と呼ばなかっただけである。

二一世紀から時間的距離を置いてラジオ・ドラマ《眞相はかうだ》と雑誌『眞相』の功罪を眺めてみよう。その存在意義は「真相」という日本語を「メディア流言」の同義語に変えたことである。意図せざる結果だが、それは「ウォー・ギルト・プログラム」の解毒剤となったのではないか。「軍国主義者の真実隠蔽」を道徳的に糾弾しつつ自らの検閲を隠蔽した《眞相はかうだ》、「常に真実のみを語る」と表紙で謳いながら大いにデマを語った『眞相』、この両者の存在により日本人は「真相とは疑うべきものだ」と眉に唾つけてメディアに接するようになった。その意味では、洗脳番組もバクロ雑誌もメディア・リテラシー教育に貢献したと総括してよいのかもしれない。「太平洋戦史」を翻訳した中屋健一は、アメリカ史研究者として一九四九年に創設された東京大学新聞研究所で「アメリカ新聞史」「時事解説」の講義を行っている(中屋健一、一九八二)。中屋が繰り返したのは、「真実の一部だけを伝えて、それが全部であるというような印象を与える」報道を鵜呑みにする危険性である(同、一九五五)。

人間の分際で、これが正しいものだと言い切る。あるいは正しいものと他人に思いこませるのは、神をおそれぬふとどき至極の所業といわなければならない。真実らしい嘘をつくことは、嘘らしい嘘をつくことより、その罪は、もっと深いというべきである。

つまり、自ら訳した「太平洋戦史」が反真実よりも罪深い半真実であることも自覚していた。戦後ジャーナリズム全体についても同様の構図を指摘することができる。

『眞相』は戦前の旧体制への強烈な反撥から生まれた反体制的メディアだが、一方で《眞相はかうだ》を転載した占領初期の体制的メディアでもあった。そのため、効果は半体制的なものにとどまった。こうした反体制メディアの半体制的な性格は、『眞相』だけにとどまらない。「太平洋戦史」を連載したすべての新聞に共有されていた。「眞相はかうだ」と「眞相はうそだ」のダブルバインド(二重拘束)において、「反体制＝半体制」的なマスメディアは「真実」を求めて「うそ」に飛びつき、自らの信用を落とす自傷行為を重ねてきた。こうしてメディア流言の自己組織化プロセスを極端なかたちで体現した『眞相』こそ、戦後ジャーナリズムの象徴と言えなくもない。

佐和慶太郎との対談「『真相』の周辺」(一九七七)で、松浦総三は「ゆがんだ方向で『真相』をうけついだのが、『週刊新潮』」だと述べている。

『真相』を見ると、現代の『週刊新潮』調なんですね。ですから、一九六〇年になって、出版社系の週刊誌も加わって週刊誌ブームとなるが、出版社系週刊誌の文体や、ものの書き方は『真相』から始まったという面もある。

いずれにせよ、私たちが「ポスト・トゥルースの時代」に振り返るべき戦後の原点は、雑誌メディアではバクロ雑誌『眞相』、放送メディアではラジオ・ドラマ《宇宙戦争》の延長線上にある《眞相はかうだ》といえよう。ちなみに、GHQ占領下日本のラジオ流言としては、占領軍放送WVTR局が「東京湾から怪獣出現、交戦中」と報じた事件もある。一九四七年五月二九日午後七時から放送された「AFRS(米軍放送網)五周年記念特集」中のジョーク中継だが、英語放送でもあり日本の新聞でその反響はほとんど報じられていない(藤元直樹、二〇一五)。

第8章
汚染情報のフレーミング
——「原子マグロ」の風評被害——

夕刊讀賣新聞

"水爆マグロ"で大騒ぎ

市販を停止さす

大阪へは25本入荷

すでに食べる？

不安みなぎる地元の焼津市

原爆症の種類

白血球

大阪中央市場に入荷した問題のマグロ

「"水爆マグロ"で大騒ぎ」(1954年3月16日付『読売新聞』大阪版夕刊)

風評被害というフレーミング

一九五四年にアメリカが行った「キャッスル作戦」、いわゆるビキニ水爆実験のメディア流言を調べるため、図書館の書庫にこもって当時の新聞や雑誌のバックナンバーをめくっていた。「戦後九年目」のニュースにとても昔のこととは思えないリアリティーを覚えるのは、「災後九年目」を前にしていたためだろうか。風評被害が注目された近年の事例では、『週刊ビッグコミックスピリッツ』二〇一四年四月二八日と五月一二日発売号に掲載された雁屋《かりや》哲《てつ》原作「美味しんぼ」の「福島の真実編」をめぐる騒動が有名だろう。人気マンガの主人公らが東京電力福島第一原発を訪問後に鼻血を出すシーンは特に大きな反響を呼んだ。同五月一二日、福島県は発行元の小学館に対して、以下の抗議文を送っている。

「美味しんぼ」の表現は、福島県民そして本県を応援いただいている国内外の方々の心情を全く顧みず、深く傷つけるものであり、また、本県の農林水産業や観光業など各産業分野へ深刻な経済的損失を与えかねず、さらには国民及び世界に対しても本県への不安感を増長させるものであり、総じて本県への風評被害を助長するものとして断固容認できず、極めて遺憾であります。

『週刊ビッグコミックスピリッツ』編集長は翌号で「ご批判、お叱りは真摯に受け止め、表現のあり方について今一度見直して」いくとの見解を示し、「美味しんぼ」は一時休載となった。安倍晋三首相も視察先の福島市で二〇一四年五月一七日、「根拠のない風評には国として全力を挙げて対応する必要がある」と記者団に語っている。日本放射線影響学会HPの有志コメントによれば、その描写に「科学的」根拠はないという。

> 作中で描かれた放射線の身体的影響に関して、これまでのところ、これらを支持する学術研究結果はありません。

とはいえ、放射線被曝に対する健康不安がもっぱら風評被害の枠組みで語られたことに問題はなかっただろうか。この点については、三浦耕吉郎「風評被害のポリティクス」(二〇一四)が詳しく論じている。放射能汚染を「風評被害」と名づけることは、①もっぱら生産者側の視点を優先して、安全基準をめぐるポリティクスを隠蔽し、②「放射能より風評被害の方が怖い」という価値の転倒をもたらし、③風評被害者(生産者)差別に対する批判が健康被害者(消費者)差別を構造化する、という指摘である。

実際、福島原発の事故が発生した四、五日後から、まだ危険レベルも不明な段階で新聞各紙は条件反射的に「風評被害が広がる恐れ」を報じている。こうした「名づけ」をメディア研究では「フレーミング」と呼ぶ。メディアで「風評被害」のフレームが設定されると、放射能を恐れて農水産物の購入をためらう行為に「非合理的」かつ「加害的」な意味が付与されてしまう。さらにいえば、先に引用した安倍首相のコメントに「根拠のない風評」とあるが、そもそも「風評」や「風説」というフレームはその情報に根拠がなく有害であることを示唆している。もちろん、江戸時代に長崎のオランダ商館長が提出した『阿蘭陀風説書』が鎖国期の日本に正確な海外事情を伝えたように、「風説」そのものは有害情報ではない。しかし、関東大震災の「朝鮮人来襲」報道でも「風説」はうわさや流言とほぼ同じ否定的意味で使用されていた。重要なことは、「造言飛語」を禁止した陸海軍刑法が廃止された戦後の言語空間で、法的処罰対象となるうわさが「風説」と呼ばれてきたことだ。二〇〇六年にインターネット関連企業の堀江貴文社長らが逮捕されたライブドア事件も、その容疑は企業買収に絡む株取引での「風説の流布」(金融商品取引法第一五八条)である。こうした経済犯罪の「風説」とその類語「風評」には、あらかじめ無根拠、有害という印象が与えられている。私たちはふつう「根拠のある風評」とは言わない。

起点としての「ビキニ水爆実験」

「風評被害」の定義について、関谷直也『風評被害』(二〇一一)はこう書き起こしている。

風評被害は、もともとは原子力が関係する事故で問題になりはじめた。「安全である」にもかかわらず、事故が起きた周辺の土地の関係者や地元の漁業者が経済的被害をこうむること、またその被害が原子力損害賠償法で補償されないことが問題になったのである。日本で風評被害といって差しつかえない現象は、1954年に起きた第五福龍丸被爆事件後のいわゆる「放射能パニック」が最初である。

もっとも「風評被害」という言葉が世間一般でも使われるようになったのは、一九九七年「ナホトカ号重油流出事故」、一九九九年「所沢ダイオキシン報道」、同「東海村JCO臨界事故」など一九九〇年代後半以降である。関谷は漁業関係者に対する損害補償をめぐる一九五六年三月八日参議院における曽禰《そね》益《えき》議員の発言に「いわゆるビキニ・マグロという風評によって売れなくなる、値下りする、そういう間接被害」を示して、環境汚染に関連した「風評」の国会議事録の初出としている。一方、各新聞社データベースで一九九〇年代以前の「風評被害」記事を検索すると、朝日新聞社「聞蔵Ⅱ」では一九八九年五月一八日付の敦賀原発事故関連、毎日新聞社「毎索」では一九八八年一月二七日付の原子力船むつ関連が初出記事となる。つまり、朝日と毎日のデータベースからは一九五四年ビキニ事件を「風評被害」と関連付けることはできない。他方、読売新聞社「ヨミダス歴史館」では一九三四年八月の「冷やっこチフス禍」騒動など戦前の記事に加えてビキニ事件の漁業補償問題など数多くの記事がヒットするが、そこで「風評被害」という言葉が実際に使われたわけではない。ビキニ事件記事は、本文中にある「原子マグロによる損害」や「原水爆被害の特別融資」からタグ付けられたようだ。

以下で『読売新聞』記事を中心に検討する理由は、原子力報道をリードした同紙が「第五福竜丸被爆」をスクープしたという以上に、ビキニ事件をデータベース上で「風評被害」に関連付けているためである。ビキニは広島、長崎に続く「第三の被爆」体験として日本国民に記憶され、世界的な原水爆禁止運動の出発点となった。その上で、フクシマは「第四の被爆」と呼べるだろう。絓秀実《すがひでみ》『反原発の思想史』(二〇一二)は、日本の反核運動がなぜ一九四五年の広島・長崎ではなく、それから約九年も経った一九五四年のビキニから始まるのかを問い、「戦後」神話のメディアによる起源捏造を厳しく批判している。

> それは、第五福竜丸事件によって立ち上げられた国民的な原水禁運動のなかで、主にメディアによって、「起源」として捏造されたものなのである。

ビキニ事件の経緯をまず簡単に整理しておこう。一九五四年三月一日未明、マーシャル群島ビキニ環礁で広島型原爆の約七五〇倍の威力をもつアメリカの水爆実験が行われた。米軍指定の「危険水域」外で操業中だった遠洋マグロ漁船第五福竜丸の乗組員二三人が「死の灰」を浴び、同月一四日に焼津に帰港した。同一六日『読売新聞』朝刊で乗組員が「原子病」の疑いで東大病院へ入院したこと、さらに同夕刊で「被爆魚」販売中止の記事が掲載された。それ以後、新聞やラジオは連日「死の灰」や「原子マグロ」のニュースを伝え、マグロ以外の魚介類全般も日本中で売れなくなった。鮮魚店のポスター「原子マグロは買いません」なども、放射能汚染を警戒する消費者心理を刺激し、後に日本鰹鮪連合会が発表した損害総額は約二〇億円に達した。そのうち「廃棄マグロの損害」は約二億円だが、「魚価値下がりによる損害」は一三億円を超えていた。食の安全を要求する主婦層の叫びを契機として、GHQ占領下で被害報道が禁じられていた広島・長崎の被爆体験も新たに国民的な関心を集めることになった。

さらに約半年後の一九五四年九月二三日に「水爆実験の最初の犠牲者」として久保山愛吉無線長が「放射能症」で亡くなると、新聞は号外を発行してこれを伝えた。主婦たちが杉並区公民館を拠点に始めた原水爆実験禁止を求める署名活動は全国に広がり、二〇〇〇万人を超える署名を集めた（丸浜江里子、二〇一一）。これを機に超党派で原水爆禁止日本協議会が翌一九五五年結成され、ビキニ事件は日本の反核運動の原点となった。放射能被爆による健康障害にも関心が高まり、二年後の一九五七年「原子爆弾被爆者の医療等に関する法律」が成立している。一九四五年に広島・長崎で亡くなった原子爆弾被爆者は二〇万人を超えていたが、一人の水爆被爆者の死を契機に被爆者援護体制は整備されたと言える。

清水幾太郎は「われわれはモルモットではない」(一九五四)において、ビキニ事件は「広島や長崎を凌駕する如き意義」をもつと論じた。清水は敵国民への殺意が明確に存在していた「戦争」被爆よりも、魚を食う国民を犠牲にする「実験」被爆に人種差別的な犯罪性を見ていた。一九六〇年安保闘争まで反基地闘争など反米平和運動の旗手をつとめた清水にとっても、「ナシクズシのヒロシマ」であるビキニ事件は画期だった。清水は日本国民の反米ナショナリズムにこう訴えている。

私たち日本国民は、ビキニ事件以来、危く忘れかけていた広島や長崎の経験を生々と思い出し、原爆への恐怖を新たにすると同時に、この間に於けるアメリカの態度を通じて、一日一日と、原爆外交への憤怒を深くしつつある。

それから二六年後、皮肉にも清水は日本の核武装を訴えて「日本よ国家たれ——核の選択」(『諸君!』一九八〇年七月号)を発表することになるわけだが。

「原子マグロ」騒動の新聞報道

「マグロ騒動」にスポットを当てて『読売新聞』の報道を追ってみよう。一九五四年三月一六日付東京版朝刊(以下、特記しない限りは東京版の朝刊)は社会面トップでスクープ「邦人漁夫、ビキニ原爆実験に遭遇」を掲載した。乗組員が「原子病」として東大病院に検査入院している情報を入手したのは、焼津通信員の安部光恭《みつやす》記者である。見出しに「原爆実験」とあるように、ビキニ実験の正確な情報はまだ把握されていない。その記事をここでは翌一七日付大阪版(図8-1)で確認しておきたい。東京版朝刊の写真「帰港した第五福竜丸」に加えて、同夕刊の写真二枚「乗組員の火傷姿」「築地魚市場での放射能検査」がまとめて掲載されている。写真の左に「出荷の魚販売中止――静岡分はすでに食卓へ」、「外務省、米へ調査要求――損害賠償と今後の保証求めるか」の記事(東京版では一六日夕刊)が並んでいる。初期報道から「被爆魚」と「損害賠償」、つまり風評被害のメディア・フレームが用意されていたわけだ。

同一六日午後、日本テレビはプロ野球中継で巨人×毎日戦の四回表終了とともにCM画面で次のアナウンスを流した(『週刊読売』三月二八日号)。

みなさまに申しあげます。さる一日、マーシャル群島のビキニ環礁で行われた原子爆弾、水

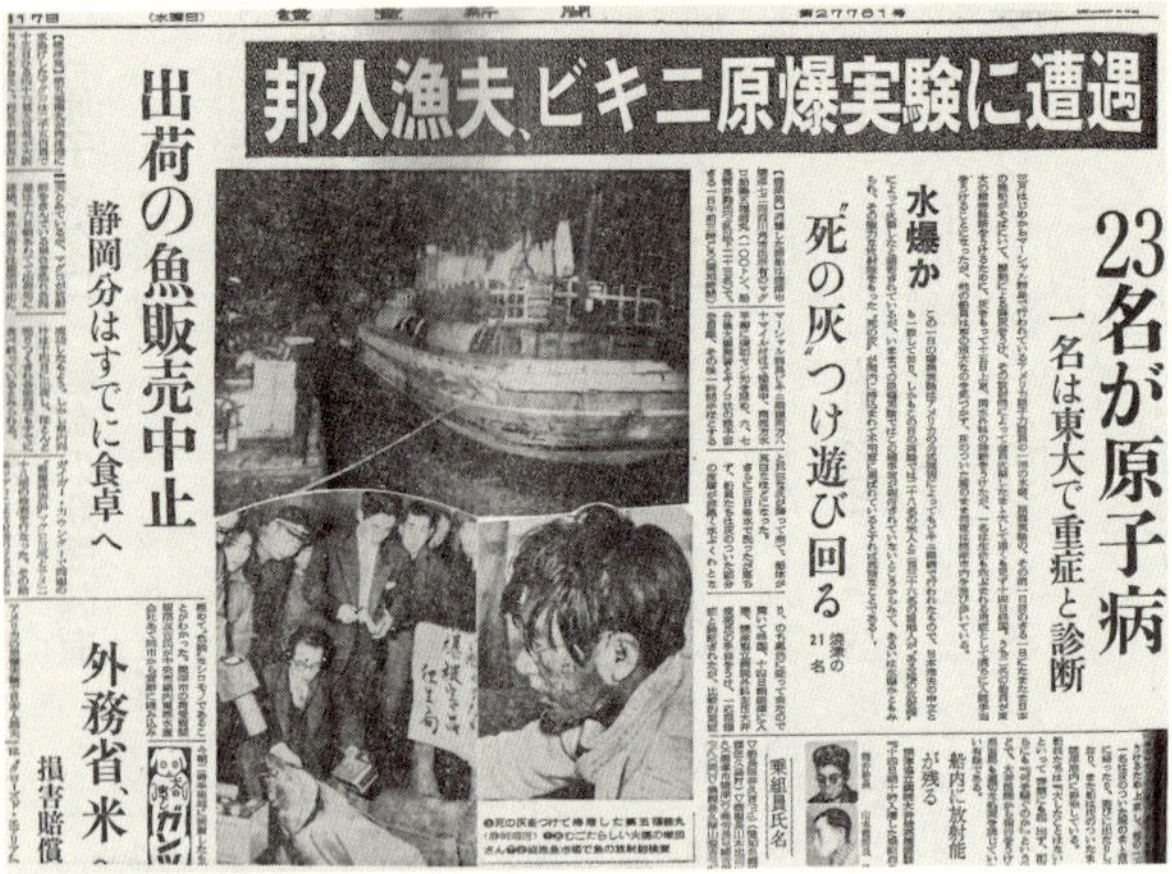
邦人漁夫、ビキニ原爆実験に遭遇
23名が原子病
一名は東大で重症と診断
水爆か
〝死の灰〟つけ遊び回る
出荷の魚販売中止
静岡分はすでに食卓へ
外務省、米へ
損害賠償
乗組員氏名

図 **8-1**　「邦人漁夫，ビキニ原爆実験に遭遇」
(1954 年 3 月 17 日付『読売新聞』大阪版)

素爆弾の実験にあたって同水路付近を漁労中の第五福竜丸がもって帰ったマグロ約一万貫のうち、五百四十貫は、けさ午前三時東京中央卸売市場に入りました。その一部は都内の魚屋にまわっていますからご注意ください。

都内に出回った事実はないので、このニュース自体が誤報、いわば「尾ひれの付いた」メディア流言である。焼津港で水揚げされた「被爆魚」は東京の築地市場では販売停止となったが、大阪には二五本が入荷し、すでに販売されていた(一六日付大阪版夕刊「〝水爆マグロ〟で大騒ぎ」本章扉図)。富田林市でマグロを食べた「被害者」二四三名の不安を解消すべく大阪府が実施した精密検査の風景を「原爆マグロ後日譚」(『アサヒグラフ』四月七日号)が載せている。実際に「食べた」被害者は、東京ではなく静岡や大阪に存在していた。

翌一七日付第一面トップは「邦人漁夫のビキニ遭難」をめぐる予算委員会の「賠償要求」質疑に焦点を当てている。それ以上に「編集手帳」の記述が、人気コラムだけに大きな影響力を持ったはずだ。

あわや販売の一歩手前で販売を中止されたがもしも水爆マグロのすしでもたべたら血液障害や白血病を起したにちがいない。

同日付の社会面には「原子マグロ土葬――魚河岸はもう大丈夫」「焼津には食った一家」が報じられている。翌一八日社会面のコラム「いずみ」は天皇家の食卓に上がったマグロに触れている。皇室ご一家で滞在中の葉山御用邸では一五日にマグロが調理されたが、大丈夫かと皇宮警察本部が電話照会したという。

このマグロはビキニ環礁からはるかに遠く、一千マイルも離れた洋上で捕えられたものと判明、御用邸でもホッと胸をなでおろしたという。

こうした関連記事も一般読者の恐怖心を煽った可能性は否定できない。一方、同一八日夕刊は厚生、農林両省の声明を「鮮魚に不安なし――マグロには衛生証明のなつ印」の見出しで報じている。東京版よりも実際に食べた読者がいる大阪版のほうが、事態をより深刻にとらえていたのだろう。一九日大阪版夕刊コラム「政治とマグロ」は、マグロ食用の安全を宣言した東大総合調査団を批判している。新聞紙面における安全基準をめぐるポリティクスの象徴こそ、「政治色をしたマグロ」だった。

おそらく「マグロは食べていい」は学者の自信がいわせたことで、別に他意はないと思われる。しかしそこにホンの少しでも、国民の不安を一時でも早く除いてやろうとか、あるいは除いてやれとかいうような政治的考慮があるとすれば、それは人命を軽んずるものといわれても致し方はない。国民は原爆の灰をかぶった上に、政治色をしたマグロは、決してほしいとは思わないのである。

「放射能パニック」への対抗プロパガンダ

「大物セリ立たず　魚河岸　十七年ぶりの異変」(三月一九日付夕刊)によれば、魚の買控え現象はさらに拡大した。築地魚市場の対応は、四月一三日付『東京築地魚市場仲買協同組合月報』の特集

「原爆被災魚事件の記録」に詳しい。「大きかつた人心の動揺」の見出しで、一六日午前一時半に焼津市カネ友商店からトラックで搬入された「原爆魚」、マグロ（メバチ一本、きわだ二本）四二貫およびサメ五〇〇貫の放射能調査と廃棄処理の様子を「市場開設以来の事件」として記録している。

三月一六日の読売新聞スクープとそれを伝えるラジオニュースに接した仲買協同組合は、「都民をして徒《いたず》らなる不安動揺を起さゞる様」報道機関対策を東京都に申し入れた。同日、東京都は直ちにＮＨＫを通じ「東京市場入荷品の何等危険のない事」との放送を行った。翌一七日には安全を呼びかけるポスターが作成され小売り店舗にも配布された。このリスク対応は極めて迅速かつ適切だろう。東京都衛生局は一七日午後七時、九時、一一時、一八日朝にかけてＮＨＫ・ラジオ東京で安全宣言を繰り返している。しかし、こうした安全宣言で「異常な人心の不安」は収まらなかった。一七日に組合緊急常任理事会が卸売十社宛に提出した要望書では、その状況を流言蜚語が氾濫した二・二六事件の当時に重ねている。

> 過去において二・二六事件の発生した際における市場の不況について卸、仲買両者の協議によつて円満なる解決を見たのは今尚私共の記憶に新たなるものがあるのであります。

こうした危機管理の経験もあってか、プレスリリースに加え、ＮＨＫ・ラジオ東京の「都民の時間」を連続使用した広報が展開され、宣伝自動車（ラジオカー）五台が都内を五日間走り続けた。さらに店頭掲示ビラ三万五〇〇〇枚、都電・都バスに広告二〇〇〇枚、東京都広報の新聞折込み一八〇万枚も配布された。風評への対抗宣伝に乗り出したのは仲買や小売店だけではない。売上げが三分の一に急落した東京すし屋組合も「すしは大丈夫です」と大書した宣伝自動車を走らせていた。こうした漁業関連団体の啓蒙宣伝が紹介される一方で、二三日大阪版「入乱れる日米の調査――発表・言明が対立、患者ほったらかし」は、放射能の危険性に関する情報の混乱も報じている。

　マグロについて、東大の中泉（正徳）教授は十七日すでに「サメは危険だがマグロは大丈夫」と言明。西脇（安・大阪市立医科大学）助教授は同日「船内に一時間いても危い。マグロを食べろなどとんでもない」と反ばくしている。

ここで危険性を訴えた西脇安《にしわきやすし》の主張はのちに武谷三男《たけたにみつお》編『死の灰』岩波新書（一九五四）に収められた。科学者の発言は新聞ではさらに「角度をつけて」報じられた。たとえば、翌二四日付大阪版夕刊の「何日まで続く〝マグロの恐怖〟」では次のような信じがたい発言まで引かれている。

　水爆マグロの恐怖で一般消費者は完全に〝マグロ性神経衰弱〟のとりことなった。おまけに

「被災漁夫の一〇パーセントは死ぬかもしれない」（東大調査団長都築博士）「日本人漁夫の血液は水に変り、二十年以上苦しむかも知れない」（米原子力委員会）と発表したからたまらない。マグロ恐怖症はさらに輪をかけ、一番悲鳴をあげたのは全国の魚屋さんだ。

誤植でないとすれば「日本人漁夫の血液は水に変り」はあまりにも非科学的であり、取材の信憑性まで問いたくなる。いずれにせよ、こうした「マグロ恐怖症」に直撃されたのが、台所をあずかる主婦層であったことはまちがいない。主婦連合会、地域団体婦人連合会、生活協同組合婦人部による「水原爆についての要望書」（『世界』一九五四年六月号）には、こう書かれている。

魚も農産物も、安心して喰べられず、空気中に濁った殺人放射能が、いつわが身に附着するかも分らないという恐れは日本中を包んでいます。

こうした状況を関谷は前掲書で「放射能パニック」と呼ぶわけだが、パニックの表記にはいささか抵抗を覚える。検査済のマグロはおろか近海魚まで買い控える消費者行動は確かに非合理な行動に見える。だが、主婦たちは主観的には自らが置かれた状況下で最適と考える行動を「合理的に」選択していただけではないのか。そうした合理的選択が可能な状態は「パニック」なのだろうか。

いずれにせよ、アメリカ政府も日本国民の対米感情が極端に悪化することを憂慮していた。三月二五日、ジョン・ムーア・アリソン駐日大使は被害者の医療・生活費など補償を行う用意があると表明した。日本政府も早急に被害補償問題を片付けるべく、「福竜丸事件打合わせ会」を開き、補償額を同二九日に決定することを決めている。その後も、四月二日付「魚屋さん水爆大会──この損害どうしてくれる」のように対米賠償請求の関連記事は続くが、「原子マグロ」関連記事は目立たなくなっていった。四月に入るとマグロの売れ行きは回復し始めていた。とはいえ、「下町では八割の売行き復活を見せているとき、山手方面ではようやく四割しか復活していなかった」(「〝水爆マグロ騒動〟始末記」『日本週報』一九五四年四月二五日号)。周知のように、「神経質な〝ザーマス族〟」が住むと記事で揶揄されている山手方面に、原水爆禁止の署名運動発祥の杉並区は含まれる。

多くの家庭の食卓にマグロが上がるようになった六月、愛知県の主婦一〇〇〇名に対して「原子まぐろ事件における不安及び不安解消に関する実態調査」が行われた(沢田秀一、一九六一)。「原子マグロ」報道から約二か月で「まぐろを食べるようになった理由」は、以下のとおりである。「ガイガー測定器で精密測定をやっているから」三五％、「科学の力により中身が安全と分ったから」二二％、「放送・新聞で大丈夫というから」一七％、「魚屋が保証するから」七％、「事件から大分時間がたったので」七％、「まぐろ以外は自分の思いすごしと分かったから」五％、「今迄近所で食べた人はなんでもないから」三％、「野さいが高いから安い検査済みのまぐろを食べるようになった」一%、「その他」三%である。一応は「科学的」に納得したとするトップ2の理由を合わせた五七%を高いと見るか低いと見るかは判断が分かれるだろう。

これに対して、「現在でもまぐろを食べない理由」では「特に原子病の恐ろしさを考えると万全を期する必要があるから」二七%、「まぐろの中に万一(危険な)放射能を持っているかもしれないから」二三%、「今でも時々放射能を持ったまぐろが入る」二三%がトップ3で、「食品に対する放射能の安全度についてはっきり分かっていない」一〇%、「日本の学者の中でも意見が異なって不安であるから」六%と続いた。それでも、厚生省の安全宣言が一九五四年一二月二三日付「放射能マグロの肉は無害――年内から検査を全廃」で報じられ、汚染マグロの風評も一応終熄している。

この風評をメディア流言という視点で再検討する上では、中谷宇吉郎「続・水爆と人間――放射能雨に曝される日本の立場」(一九五四)が参考になる。中谷は寺田寅彦の助手をつとめた気象学者であり、一九五四年当時アメリカに研究滞在していた。論文冒頭ではビキニ事件の余波とも言うべきか、アメリカで「ニューヨークが敵国潜水艦から水爆攻撃を受けるテレビドラマ」が放映された際の様子を紹介している。「この番組はフィクションであって現実ではない」との新聞告知が「あまりに念が入り過ぎてゐる」と中谷は感じていた。

もつとも十年ばかり前に、火星人の地球侵攻といふラヂオドラマを放送した時に、皆が本当かと思つて、大騒ぎをしたことがあるので、とくに注意したのださうである。

第1章で扱った「火星人来襲パニック」神話は、この当時すでに「事実」としてテレビの番組宣伝にも利用されていたわけである。中谷は科学者の立場から「原子鮪《まぐろ》」の経済的被害よりも一般国民の心理的被害を問題にしている。日本国内の報道に直に接していないためだろうが、中谷はいたって冷静に反応している。

鮪の場合も、新聞の記事だけでは、判断の材料とすべき資料がほとんど出てゐないのだ、唯気味が悪いといふだけで、何ともいへない。この唯何となく気味が悪いといふのが、一番困るのである。結果としては、買ひ手を尻込みさせ、小さい魚屋やすし屋を苦しめるだけに終り、抗議としては、甚だ力の弱いものになつてしまふ。かふいふ場合は、数量的といふことが非常に大切なのである。鮪の切身の単位体積中に、どれだけ以上の放射能があつたら、人体に危険だといふことを、はつきり言つた方が、不安感がずつと少くなる。

とはいえ、放射線の危険レベルが数値として報道されたとして騒動が収まったかどうかは疑わしい。何ミリシーベルトなら健康レベルか、その数値をめぐって専門家の意見は大きく割れていた。

その状況は今日もあまり変わらない。

「新聞は世界平和の原子力」

一九五四年当時の新聞記事を読み漁ったが、「風評被害」という言葉そのものは発見できなかった。しかし現在、新聞で回顧される「ビキニ事件」では、ごく普通に「風評被害」が使われている。「ビキニ半世紀――福竜丸の問いかけ」(二〇〇四年二月二八日付『毎日新聞』静岡版)もその典型である。

廃棄されたマグロなどは約四八万六〇〇〇トンに達した。これに加え風評被害も深刻で、漁業関係者に大きな打撃を与えた。(略)事件から一〇カ月後の五五年一月、日本政府は、米国側から「最終的解決」として慰謝料二〇〇万ドル(当時で七億二〇〇〇万円)の支払いを受けることで政治決着。米国へ謝罪を求めず、事実上、賠償請求も放棄した。

こうして「風評被害」の言葉が使われると、あたかも「廃棄されたマグロ」にまで放射能汚染はなかったかのごとく読めてしまう。「廃棄されたマグロ」には「風評被害」のフレームに収まらないものもあったはずだ。そうしたメディア・フレームが意図的、すなわち政治的に選択された可能性も改めて検討すべきではないだろうか。

というのも、原子力発電に向けた日本の核エネルギー政策の新聞広報も、まさにビキニ事件からスタートしたからである。第一回原水爆禁止世界大会が開催された一九五五年の第八回「新聞週間標語」は、なんと「新聞は世界平和の原子力」なのだ。ちなみに、最近の標語は第七一回(二〇一八年)が「真実と人に寄り添う記事がある」、第七〇回(二〇一七年)が「新聞で見分けるフェイク知るファクト」であり、「ポスト真実」という流行語を強く意識したものが選ばれている。そもそも「新聞週間」はGHQの指導でアメリカから導入されたため、第一回(一九四八年)とその翌年は日米共同の標語も掲げられた。日米共同標語は第一回が「あらゆる自由は知る権利から」、第二回が「新聞の行くところ自由あり」である。日本独自の標語は第一回が「あなたは自由を守れ新聞はあなたを守る」、第二回が「自由な新聞と独裁者は共存しない」であった。軍事占領下の自由な新聞とは、何ともアイロニカルな響きである。では、放射能の恐怖から反核運動が日本全土に広がった一九五五年の「新聞は世界平和の原子力」も国民はアイロニーとして受け取ったのだろうか。今日からすれば、意外に思えるわけだが、この標語に疑問を抱く人は少なかったようだ。

なぜジャーナリストも科学者もビキニ事件を機に「原子力の夢」を棄てなかったのか。山本昭宏『核エネルギー言説の戦後史 1945–1960』(二〇一二)は、「被爆の記憶」こそが「原子力の夢」を推進したという逆説を導き出している。この逆説を支えたメディア・フレーミングとして、「風評被害」は考察するべきではなかろうか。

そもそも第五福竜丸に「死の灰」が降り注いだ一九五四年三月一日は、「原子炉」予算案が改進党の中曽根康弘代議士らによって提出された「日本史上に、重大な意義をもつ日」であった(吉村昌光、一九五四)。元陸軍技術少佐の吉村は、「原子炉とは原爆製造装置じゃァないか！　しかも再軍備派の改進党が押しきつたのだからさァ大変！」と論文で煽っていた。事件から三日後の三月四日、衆議院で保守三会派による共同修正案が可決され二億五〇〇〇万円の原子炉予算が承認された。アメリカの水爆実験は、日本の原子炉建設スタートの号砲でもあった。

たとえば、朝日新聞社調査研究室長・田中慎次郎が『世界』一九五四年四月号の特輯「原子力――戦争か平和か」に寄せた「平和のための原子炉」が典型的である。田中は水爆の登場で兵器開発競争は行き詰まりとなり、今後は産業用原子炉開発に米ソの競争が移っていくと楽観視していた。当然ながら、その論文は「原子炉を中心として平和な国家生活がいとなまれねばならぬ」と結ばれている。一九五九年には朝日新聞社取締役出版局長として『朝日ジャーナル』を創刊する田中だが、一九五六年には総理府原子力委員会参与となり、社団法人日本原子力産業会議で企画委員などを歴任していた。

同じ雑誌の中でも「水爆の恐怖」と「原子力の夢」が平和共存していたことは、『週刊朝日』一九五四年三月二八日号の大特集「水爆下の日本――マグロ騒動始末記」でも確認できる。「東京に水爆が落ちたら」の次頁には「水爆が大阪に落ちたとき〝死の灰〟の降る範囲」として、神戸・徳島から千葉沖までグレーの楕円で覆った地図が掲載されている。「〝死の灰〟の降る範囲」と見開きの頁に、「魚は安心して食べられる」(檜山義夫東大農学部教授談)が当然のように挿入されていた。

放射能に対する無知から、あまりに神経質になってさわいでいる現象を見て私自身驚いている始末だ。まるで気狂じみている。

政治的な核戦争黙示録と経済的な放射能安全説を同じ誌面で並列させることに編集者は違和感をおぼえなかったようだ。だとすれば、『原子マグロ騒動』の真っ最中、三月二三日付『読売新聞』婦人欄に掲載された帯刀貞代《たてわきさだよ》「マグロさわぎ――原子力の平和利用を問題にしたいもの」も驚くには値しない。新日本婦人の会代表委員の帯刀はアメリカの水爆実験を糾弾しているのだが、「原子力の平和利用」には大賛成だった。

これほどの威力をもった原子エネルギーが、平和生産に応用された場合、人間は一日二時間の労働でこと足りるようになるだろう、とかつて嵯峨根遼吉《さがねりょうきち》博士が本紙に寄せられたアメリカ通信にも予測されていた。

嵯峨根遼吉は戦前、陸軍の原爆開発「ニ号研究」の責任者・仁科芳雄の下で原子核物理学を研究していた。ビキニ事件の翌年に東京大学教授を辞職し、その後は日本原子力研究所副理事長、日本原子力発電副社長などを歴任している。嵯峨根と同じような科学者の平和利用推進論としては、『文藝春秋』一九五四年五月号の特輯「岐路に立つ原子力時代」が代表的だろう。湯川秀樹・坂田昌一・菊池正士・佐治淑夫《さじよしお》「活かせ原子力！——座談会」の開催日は、第五福竜丸スクープから三日後の三月一九日である。日本を代表する原子物理学者たちが「原子力の平和利用」を口々に訴えている。もちろん、「死の灰」や「原子まぐろ」も話題になっているが、「原子力を危険視するな！」の見出しで座談会は終わっている。

原子力と豊かな社会の経済的なイメージ連鎖は、「風評被害」フレームとも親和性が高く、そこで健康不安は経済問題に読み換えられる。中泉正徳《なかいずみまさのり》博士（東京大学医学部放射線医学講座教授）は漫画家・横山隆一との対談「水爆マグロ診断書——君らは被害妄想がすぎる」（『オール讀物』一九五四年六月号）で「まあ、安いうちにうんと食べたほうがいいですよ」とまで言い放っていた。中泉は同六月一二日に閣議決定に基づき厚生省に設置された「原爆被害対策に関する調査研究連絡協議会」で環境衛生部会会長に就任している。

「ビキニ成金」と「イワノフのコップ」

ビキニ事件から一年余、アメリカからの慰謝料七億二〇〇〇万円のうち、第五福竜丸の入院患者には一人平均二二〇万円が分配された。だが、そのニュースは地元・焼津で妬みや羨望の渦をまきおこし、留守宅にもいやがらせの手紙が舞い込むようになった。毎年三〇名以上の海難犠牲者を出していた焼津港では、そうした一般事故の独身死亡者に対する弔慰金二〇万円との落差が大きすぎたようだ。「いちどに二百万円ももらうなら死の灰をかぶってもいい」という漁師の声も記録されている（「札束が舞う焼津港――〝死の灰〟慰謝料に複雑なカゲ」『週刊読売』一九五五年五月二二日号）。

それから一三年後、第五福竜丸事件をスクープした読売新聞記者は水揚げ高で当時の四倍にまで発展した「東洋一」のマグロ漁港を再取材している（安部光恭、一九六八）。すでに原水爆禁止運動も原水協（共産党系）と原水禁（社会党系）に分裂し、第五福竜丸関係者は「アカ」と見られることを警戒して事件を語りたがらなくなっていた。元漁労長・見崎《みさき》吉男の言葉が印象的である。

> 第五福竜《ママ》の被爆を〝ただの海難事故〟だ、と割り切って考えている人が多い。この事件の大きな意味をとらえてくれないんです。

そうした「大きな意味」を補償金の額に換算する世論に「風評被害」というメディア・フレーミ

ングが大きく作用したことはまちがいない。元操舵手・見崎進は慰謝料を元手に豆腐屋をはじめたが、「原爆豆腐」とささやかれていたという。本当の風評被害は経済的補償のあとで被爆者に襲いかかっていた。この状況が第五福竜丸と同じ海域で被爆した人々に沈黙を強いたのではないか。

一九五四年の一一月末までに、指定五港で発見された汚染漁船は三一二隻、その他の一三の港で発見されたもの三七一隻、計六八三隻の多きに達した。廃棄された魚は、あわせて四五七トンにもおよんだ。

三宅泰雄は『死の灰と闘う科学者』(岩波新書、一九七二)でこう総括している。農林省水産庁は対米補償請求への証拠を得るべく放射能の海流調査、俊鶻丸《しゅんこつまる》調査団を組織した。一九五四年四月一四日に水産庁での第一回「俊鶻丸調査団」協議会が開催されている。この調査を認めたのは農林大臣・保利茂、ビキニ事件担当国務大臣・安藤正純だが、彼らは「外務大臣によって代表される政府の対米軟弱政策」に腹を立てていたと三宅は推測している。

もちろん、放射能汚染の情報を隠蔽しようとしたのは対米追従の自由主義者だけではない。久保山さんの被爆死が報じられた一九五四年九月に話題となっていた「北からの放射能雨」をめぐる平和運動家の隠蔽工作も三宅は厳しく批判している。その放射能雨が「ソビエト製」であることは新潟大学の研究者によって報告されたが、ソビエトの原水爆を「平和の核」とみなす民主主義科学者協会のグループから猛烈ないやがらせを受けたという。ソビエトのモスクワ放送は一九五五年二月一九日、日本人科学者の「デマ」にこう反論している。

ソ同盟における水素爆弾の実験が日本に影響をあたえているという噂は全く根拠のないことである。こうしたデマを飛ばしているものは、ソ同盟に敵意をもっている人である。(略)彼らは第五福竜丸事件でふんがいしている日本の世論を何とかしてまどわせようとして、こんなデマの手に訴えたのである。

事実を証言した三宅たちも「アメリカの謀略に加担した」と民科グループから誹謗中傷されている。三宅は「私たちが、自分たちの考えの正しさに対して、確信をもっていなかったら、この種の侮辱は耐えがたいものであったろう」と述べ、猿橋勝子の言葉を引いている。「何よりも真理を愛好しているはずの科学者が、〔ソビエトによる核実験の影響とはっきりわかった後も〕べつに反省の色もみせるでもなく、異国への思惑の方が自国民より大事であるという奇妙な態度をみせられた」。こう民科グループを批判した猿橋は、やがて海洋放射能の権威となり今日も「猿橋賞」に名を残している。

結局、ビキニ実験で被爆した可能性がある日本の貨物船・漁船は一〇〇〇隻に及ぶと推定されたが、最終的に日米両国は補償対象を第五福竜丸だけに絞り込んだ。そうしたビキニ事件の矮小化は「風評被害」という強迫フレームによって可能になったといえるだろう。であればこそ、ビキニとフクシマを「風評被害」のフレームでくる言説にはくれぐれも警戒が必要なのである。

他方で「風評利得」とでもいうべきか、風評で売れる商品もある。放射能関係ではロシアにおけるウイスキーが有名である。旧ソ連のKGB(国家保安委員会)で日本担当官だったアレクセイ・A・キリチェンコは『知られざる日露の二百年』(二〇一三)で興味深いエピソードを紹介している。

ロシアの原子力施設で働くすべての従業員は一ドーリャ(四四ミリグラム)のアルコール摂取が義務付けられた。原子力潜水艦隊ではこのドーリャのことを「イワノフのコップ」と呼んでいる。実際水兵たちはイワノフが誰であるかなど知らない。

ミハイル・イワノフは戦時中に東京のソ連大使館にいた駐在武官である。スターリンの指令で同僚スパイのセルゲーエフとともに一九四五年八月一六日に広島、翌日に長崎の爆心地を訪れ、新型爆弾の調査を行った。かくして「入市被爆者《にゅうし》」となった二人のうち、セルゲーエフは調査後に体調を崩しモスクワで死亡したが、イワノフは一〇一歳の天寿を全《まっと》うして二〇一四年二月に没している。

健康なイワノフもモスクワの軍病院で徹底的な病理検査を受けていた。ソ連当局は、ウイスキーが生死を分けたと結論づけたようだ。イワノフは東京から広島までの列車中にサントリー・ウイスキーの一瓶を飲み続けたが、死亡したセルゲーエフは飲酒を断っていた。そのため、血中のアルコールが放射線を防禦する、との風説がソ連時代に広まっていった。

その風説もあってか、一九八六年のチェルノブイリ原発事故は酩酊した作業員による誤操作が原因だとするうわさも流布した。「イワノフのコップ」を紹介した「原爆、元ソ連スパイの証言」(二〇一四年一一月九日付『朝日新聞』)によれば、ロシアでは福島原発事故の際にも「ウオツカや赤ワインが効く」との風評が流れていた。同記事は次のように付言している。

独立行政法人「放射線医学総合研究所」によると、アルコールと放射線をめぐっては、「ビール成分に防護効果を確認した」とする研究成果がある。一方で、科学的な定説にはなっていないという。

私がミュンヘン大学に留学したのはチェルノブイリ事故の翌年だった。当時、「酵母入りのヴァイス(白)ビールが有効だ」と学生酒場で耳にした。だから私が白ビール党になった、というわけではない。最近は赤ワイン党だが、それも福島原発事故後の風評とはまったく関係がないように。

第９章
情報過剰社会の歴史改変
――「ヒトラー神話」の戦後史から――

「ヒトラーがこの世から隠蔽しようとした写真？」(2015年6月21日付『デイリー・メール』電子版 https://www.dailymail.co.uk/news/)

弾丸効果とヒトラー神話

太古秘史が情報の欠落を解釈で埋める神話的思考だとすれば、歴史改変は情報の過剰から逃避するSF(科学小説)的思考である。それぞれ情報の稀少な古代、情報が過剰な現代の歴史意識のありかたと言えるかもしれない。これまで検討してきたメディア流言も、原則として情報過剰社会を前提としているが、インターネット普及の以前と以後では過剰のレベルもコミュニケーションの質も大きく変わった。

第1章で紹介したように、「火星人来襲パニック」の神話が解体された背景にも、インターネット普及後に進んだマス・コミュニケーション学説史研究の新しい潮流がある。すなわち、「弾丸効果論」というパラダイムそのものが存在せず、それは一九五〇年代に「限定効果論」を革新的なパラダイムとして演出するために事後的にデッチ上げた「わら人形」だったのではないか、そうした議論である(竹下俊郎、一九九八)。

弾丸効果パラダイムにおいて、「絶対の宣伝」と呼ばれたナチ・プロパガンダの評価も大きく変わった。今日、短期的な弾丸効果を前提にナチ宣伝を論じる歴史家はいない。ナチ宣伝もふつうは限定効果論で説明されている。つまり、ナチ宣伝はドイツ国民の先有傾向を顕在化させ、それを補強する効果はあったが、その選好を反転させるような即効力はなかった。平和主義者を戦争支持者に変えることが困難だったから、ゲシュタポや強制収容所が必要だったのである。

そもそも、「絶対の宣伝」という評価は、ゲッベルス率いる国民啓蒙宣伝省が自らの地位向上のために繰り返した自己PRにほかならない。そもそも、今日私たちが目にするナチ映像のほぼすべては、ナチが自身のプレゼン用にプロデュースした「作品」である。そして、「絶対の宣伝」の自己申告をまず裏書きしたのは、ナチズムを阻止できなかった自由主義者や共産主義者たちである。戦後になるとナチ党に投票しながらも「ナチにだまされた被害者」たろうとした多くのドイツ国民もそれに加わった。「ナチ宣伝の魔力」というレトリックは「だまされた被害者」として自分たちを免罪するからである。それはナチズムの運動に自身の欲望を投影した事実を隠蔽する自己欺瞞のレトリックにすぎない。亡命ユダヤ人歴史家ジョージ・L・モッセはシンボル政治史の名著『大衆の国民化』(一九九四)において、ナチズムの成功をプロパガンダという言葉で理解することを厳しく批判し、ナチズムとは大衆が自ら参加しその体験を通じて獲得された共感に基づく合意形成の運動だと指摘している。

むしろ、ナチ宣伝の効果論では、比較を絶した「悪のシンボル」としてヒトラーを乱用した戦後の大衆文化が長期的に及ぼす悪影響に関心は向けられるべきだろう。ヒトラーを絶対悪の象徴とすることで、逆にヒトラーは現実政治を測る物差しになった。キリスト教世界においては、絶対善である神からの距離によって人間の行為は価値づけられてきた。一九世紀にニーチェが宣言した「神の死」、つまり絶対善が消滅した後、あらゆる価値の参照点に立つのは絶対悪である。悪魔化されたヒトラーは、現代社会における絶対悪として人間的価値の審判者となったのである。

それは、ヒトラーが一九三〇年代当時のドイツ人よりも戦後世界の私たちに対して最大の文化的影響力を発揮している可能性である。映画やテレビで「人々はいまでも、ヒトラー、ヒムラーや親衛隊の話に胸をワクワクさせる」(R・ルーベンシュタイン)のであり、「表紙に鉤十字を描いておけば、ほとんどどんな本でも売れると考えているのがアメリカ出版界」(アルヴィン・H・ローゼンフェルド)だった。それは日本でも同じであり、否、むしろナチカル(ナチ・サブカルチャーの略称)は戦後日本の大衆文化で戦前以上に流行している(佐藤卓己編、二〇一五)。

もちろんマンガやアニメなどの娯楽作品におけるヒトラー人気はおとぎ話であって、さほど有害ではない。ただ、そこに温存される「絶対悪＝ヒトラー」の審美的なイメージには警戒が必要だろう。ありあまる自由に息苦しさを感じる大衆にとって、フリーターから第三帝国総統に上りつめたヒトラーは価値を一発逆転させる「神」と映らないだろうか。いまのところ、「絶対悪＝ヒトラー」に帰依する社会的弱者は少数にすぎないが、格差社会化の進展の中で絶望した「負け組」が大量発生しないという保証はない。圧倒的多数の「負け組」を必然的に生み出すグローバル情報社会において「ヒトラー民主主義」の再来を回避するためにも、ヒトラーの悪魔化よりは人間化こそが必要なのだ。

ナチスが月から攻めてきた！

ナチズムの恐怖を「火星からの侵入」に重ねたラジオ・ドラマから始まる本書の叙述を終えるに当たって、やはり宇宙からの来襲をテーマとしたSF娯楽映画《アイアン・スカイ》(ティモ・ヴォレンソラ監督、フィンランド・ドイツ・オーストラリア共同制作、二〇一二)は無視できない。そこでアメリカに攻め込むのは火星人ではなく空飛ぶ円盤に乗ったナチスである。この映画は二〇一二年九月に日本公開され(図9-1)、一部で大ブレイクしたカルト的作品であり、公開に合わせて『別冊映画秘宝　ナチス映画電撃読本』も刊行されている。

図9-1　ティモ・ヴォレンソラ監督映画《アイアン・スカイ》日本公開ステッカー(https://www.facebook.com/ironsky.jp/)

映画の設定は、第二次世界大戦後、月の裏側に逃れたナチスはそこで「第四帝国」を築き、着々と地球へのレコンキスタ(失地回復)を狙っているという荒唐無稽なものである。リアルな歴史ではナチ親衛隊幹部の逃亡先としてアドルフ・アイヒマン（ユダヤ人強制収容所移送責任者）のアルゼンチン、ヨーゼフ・メンゲレ（アウシュヴィッツの医師）のブラジル、あるいはアロイス・ブルンナー（アイヒマンの副官）のシリアなど中南米や中東が多い。メンゲレ博士をモデルにヒトラー・クローン計画を描いたアイラ・レヴィンの小説が『ブラジルから来た少年』であるように、「ブラジルから」ならまだリアリティーがあるが「月から」ではおとぎ話だ。

もちろん、おとぎ話とてユング派心理学では学問的な分析の対象となる。C・G・ユング自身が『空飛ぶ円盤』（原著、一九五八）において、人々の無意識がUFOのうわさにより意識化されるプロセスを分析している。ユングは好奇心、センセーションを求める心がある限り流言は広まるとみなしており、「空中に見られる物体」と宇宙人が結びつく契機を次のように説明している。

UFOの地上基地を発見したり、その物理的な特性を説明したりできないため、やがて地球の外から来たものだと想像されるようになる。第二次大戦勃発直前、ニュージャージーに起った大パニックの心理はこの想像に関連している。火星人のニューヨーク襲来をテーマにしたH・G・ウェルズの小説をラジオドラマとして放送したところ、現実に「大恐慌」が起り、無数の自動車事故が続出した。明らかに、目睫《もくしょう》の間《かん》に迫った戦争に対する潜在的な情緒不安が、この放送劇によって爆発した。

ユングは「火星人のニューヨーク襲来」も集合的無意識に内在している元型のイメージの投射と考えた。ただし、ユング自身がユダヤ人心理学者フロイトとの対立からナチ・シンパとうわさされていたこともあり、さすがにUFOのナチ兵器説については触れていない。

いずれにせよ、空飛ぶ円盤関連の書籍においては、南米や南極大陸にナチスのUFO基地があることが「通説」として語られてきた。矢追純一『ナチスがUFOを造っていた』(一九九四)が典型的だろう。矢追は日本テレビのディレクターとして多くのUFO番組を手がけているが、一九九四年一〇月一一日一九時から二時間番組として日本テレビ系で放映された《矢追純一UFOスペシャル》は『朝日新聞』夕刊テレビ欄で次のように紹介されていた。

「独ナチスがUFOを製造していた⁉」衝撃……戦車砲をつけたUFO写真66枚初公開▽国連事務総長が宇宙人の誘拐を目撃!▽ヒトラーは生きていた⁉▽50年前に日独共同のUFOが火星に着陸していた⁉

テレビ欄なら、⁉を付ければ、どんな無茶な内容でも新聞は載せることができるのだろうか。この番組にも「火星」は登場するが、SFの世界で火星がナチの生存圏であるのは常識となっている。

「SFおたく」のバイブルともいうべきチャールズ・プラット『フリーゾーン大混戦』の第一七章「火星から来た第三帝国クローネマイスター」では、ナチ突撃隊が地球に再突入する。あるいは、火星にヒトラーが転生して再び地球征服を志すという設定なら、デニス・ホイートリー『ナチス黒魔団』がある。火星どころか、さらに遠く金星のヒトラーを描いたのは、ターザン・シリーズで知られるエドガー・ライス・バローズの『金星の独裁者』(原著、一九三九)である。本書第5章で戦中に『デマ』を執筆した『ターザンの冒険』の翻訳者・本多喜久夫を紹介したので、敢えて言及するわけだが、類人猿ならぬ類猿人ターザンは同じ白人のナチスとは戦っていない。だが、黄色人種の日本軍とは戦っている。『ターザンと外人部隊』(原著、一九四七)で、ターザンはイギリス空軍大佐になりスマトラ戦線で日本軍を打ち破っている。バローズにとって、太平洋戦線は「野蛮=過去」志向、欧州戦線は「SF=未来」志向ということなのだろう。『金星の独裁者』はスペースオペラの金字塔「火星シリーズ」に続く「金星シリーズ」第三巻であり、ニュルンベルク党大会を彷彿とさせる分隊行進、親衛隊、政治犯の強制収容所など、まさに第三帝国のパノラマである。

映画《アイアン・スカイ》は、こうした過去のナチカル遺産をかき集めた作品であり、チャップリン《独裁者》の有名なシーンなどそのまま引用されている。このカルト映画が最も人気を博した国の一つは日本だが、アニメ《宇宙戦艦ヤマト》や《機動戦士ガンダム》で育った世代にはとても外国映画と思えないはずだ。一方で、月面ナチスのヒロインがナチ流に「友愛」を謳い上げた演説にアメリカ大統領が感動して自分の選挙広報スタッフに加えるといったメディア政治を風刺する設定などは、ドイツで大ベストセラーとなったティムール・ヴェルメシュ『帰ってきたヒトラー』(原著、二〇一二)ともシンクロしている。この風刺小説では現代にタイムスリップしたヒトラーが「ユダヤ的」商業主義メディアを「自分と同類」と認識した上で、パブリシティーでの共犯関係を築いて成功を収めている。こちらも移民排外熱の高まるドイツで二〇一五年に映画化されて話題になった。とはいえ、月からのナチ来襲や総統のタイムスリップは娯楽作品であって、悪趣味と物言いがついたとしても、それ自体をメディア流言として問題視する必要はない。

新華社が伝えた「和服姿のヒトラー」

むしろ、メディア流言として注目すべきは、たとえば二〇一五年六月二三日、中国国営通信社・新華社の電子版・新華ニュースが配信した「アドルフ・ヒトラーの紋付き羽織袴姿の写真——英紙が公開」の記事である(本章扉図)。

色あせたモノクロ写真に映っているヒトラーは代表的な髪型と口髭で、紋付き羽織袴を着て、右手に扇のようなものを持ち、厳格なまなざしでカメラを見ている。着物には、ナチスを象徴する鷲のモチーフと鉤十字が入っている。

この「写真」は英紙『デイリー・エクスプレス』電子版に発表され、『デイリー・メール』電子版にも掲載された。記事では一九三六年の日独防共協定を記念して撮影された写真ではないかと推定されているが、写真ではなくイラストと見るのが普通の感覚だろう。この種の海外ゴシップには目がない日本のマスコミだが、さすがに共同通信社や各紙特派員も管見の限りでは転電していない。『デイリー・メール』電子版にはフェイスブック、ツイッター、グーグル+などのシェア・アイコンも付いていたが、日本のウェブ上ではもっぱら新華ニュース日本語版が元データとして言及されていた。二〇一五年九月三日の「中国人民抗日戦争および反ファシズム戦争勝利七〇周年記念行事」が、あと三か月足らずに迫っていた中国にとって「和服姿のヒトラー」は飛びつきたい証拠写真だったのかもしれない。

ただし、このフェイク画像は戦前のヒトラー崇拝者による「メイド・イン・ジャパン」という可能性が高く、このグローバルな偽史情報を日本のメディアがただ黙殺して済ませればよいとも思えない。ゴシップ記事が多い大衆向けタブロイド紙『デイリー・メール』は無視してよいとしても、中国国営の新華ニュースに対してはフェイク画像であると明確に伝えるべきではなかろうか。

一方、ヒトラーが日本に亡命したという「うわさ」なら、実は歴とした日本発のメディア流言である。一九四五年一〇月二〇日付『毎日新聞』は、同一九日付アメリカ軍向け日刊紙『スターズ・

アンド・ストライプス』の記事として、ヒトラー総統がドイツの降伏前に日本亡命を計画していたと報じている。同一八日にこの亡命計画を明らかにした「日本海軍軍令部某幕僚」は、一九四五年三月三日の秘密会議の席上において「ヒ総統及びその愛人エヴァ・ブラウンをドイツから救出するための最終的取極めが行はれた」と証言している。

〔ヒトラーは〕もし日本が彼に対して安全な隠れ場所を提供してくれるならば日本に対して太平洋戦の勝利を保証すべき新秘密兵器の設計案を提供すると約束したとのことである〔略〕。三月五日未明九十日分の食料を積んで一潜水艦がハンブルグに向け横須賀軍港を出航した、艦長を除いては乗組員の誰もが自分達の任務を知らなかつた、しかしヒットラーとエヴァ　ブラウンのために美しい織物で飾られた贅沢な船室が甲板に設けられてあつた

もちろん、「協同」と名付けられた潜水艦がインド洋上で給油したのちの行動は語られていない。この国際スクープはもちろん日本発の虚報だが、その後に日本で簇生する「ヒトラーの替え玉」神話の原型をなしていることは否定できない。

日本にさまよふヒトラーの亡霊

戦後日本で頻繁に現れたのはヒトラーその人よりその亡霊である。たとえば、『文藝春秋』一九五四年八月号には、そのものずばりの特集記事「日本にさまよふヒトラーの亡霊」がある。前章で扱った一九五四年三月の第五福竜丸水爆被爆から五か月後のことである。書き出しはこうである。

近ごろ、またヒトラーという名前を、よく聞かされるようになつた。しかも、この名が日本人の会話の中で、つかわれる度合は、だんだん増えている。

この特集記事のサブタイトルには、「吉田独裁政治への警鐘は鳴り渡る」が掲げられていた。つまり、終戦から九年後の日本で「ヒトラーのうわさ」は「独裁政治への警鐘」だと考えられていた。戦前の吉田茂が外務省内で「ヒトラー嫌い」の最右翼だったことを考えれば、「ワンマン宰相」吉田が「独裁者」ヒトラーに擬せられるのは皮肉である。この記事中では大宅壮一や中野好夫など多くの知識人が「吉田独裁政治」に批判的なコメントをしている。第一次吉田内閣で憲法担当国務大臣をつとめた金森徳次郎(当時、国会図書館館長)だけがこの記事企画そのものを批判している。

一部の文化人およびジャーナリズムは、日本がファッショ化される危険がある、というが、彼らのいい方は、前後左右をよく見廻して結論するのではなく、限られた視野から、自分につごうのよい断定をするのだ。

おそらく「吉田は日本のヒトラーだ」との言説に私的な悪意はなく、「限られた視野から、自分につごうのよい断定をする」のたぐいである。むしろ、公的な善意に発する言説だと認めてもよい。しかし、善意の言説がまさに善意から発するゆえに、有害の度合いで悪意の言説にまさることは多い。それが繰り返されることで、本当の危機が来たときにも、「また例の政治的に正しい言説に過ぎない」と受けとめられてしまうからである。実際、吉田退陣後、鳩山一郎内閣が成立したが、以後の日本で首相に選ばれて野党サイドから「日本のヒトラー」のレッテルを貼られなかった人物は数えるほどしかいないだろう。戦後日本では強権を行使する著名人は、その性格や資質を問わず誰彼なく「〇〇のヒトラー」と形容された。〇〇には政党や宗派から大学や企業まで何でも挿入できるため、罵倒用のフレームとして使い回されてきた。二〇一八年現在、ウェブ上で「平成のヒトラー」と検索すれば、安倍晋三首相を批判する多くの記事を読むことができる。こうした現象こそメディア流言としてのヒトラー神話なのである。

うわさを神話作用から分析した古典にエドガール・モラン『オルレアンのうわさ』がある。モランがいう神話とは、人々の日常の秩序の意味を説明し、人々を行動に駆り立てる物語のことである。

同書では、一九六九年五月に地方都市オルレアンで広まった女性誘拐のうわさの急速な拡大と消滅が分析されている。ユダヤ系経営者のブティック試着室で女性が誘拐されて外国の売春街へ連れ去られたといううわさなのだが、実際には誰一人として行方不明の女性などいなかった。やがて、猛威を振るったうわさ騒ぎも、対抗神話が登場すると、急速に沈静化へと向かった。この反ユダヤ主義を背景とするうわさ騒動の生成メカニズムを、モランは犯罪情報の増大、潜在化した反ユダヤ主義、女性解放と都市化への不安などの神話作用として分析している。その後のうわさの社会学的分析の基本枠組はここに成立したといってもよい。人々がうわさを信じて行動するのは、うわさが神話に支えられているためなのである。また、うわさが病理的現象にとどまらず日常的に語られているように、神話も私たちの生活の一部である。うわさを支える神話の中に人々の欲望や恐れが隠されているのである。荒唐無稽に見えるうわさでも、それを人々が語る必然性は十分にあるわけだ。

であるならば、権力者なら誰でもヒトラーになぞらえる発話行動にも、自らの民主主義への不安、より正確にいえば自らの民主主義がファシズムに転化することへの恐れが潜在しているのだろう。ヒトラー神話とは、われわれ自身のなかにある民主的独裁の願望である。実際、ヒトラーを批判し、糾弾する者の語り口は、しばしばヒトラーの語り口とよく似ている。SF映画《アイアン・スカイ》の見どころも、実はそこにある。

こうしたヒトラー神話の言説を日本で分析した研究はほとんどない。しかし、ヒトラーのうわさは他の都市伝説と同じくらいに広まっている。世界博学倶楽部『都市伝説の真相――背筋の凍る噂75！』（二〇一〇）では、口裂け女など「都市伝説」やトイレの怪談など「学校の怪談」と並んで「ヒトラー生存説――第二のナチス総統が現われる日」が収められている。二一世紀の都市伝説らしく、死体の替え玉説よりもクローン技術による復活に力点が置かれている。一八八九年生まれのヒトラーがたとえ日本亡命に成功していたとしても、二〇一九年では一三〇歳となり生存説にリアリティーはない。

しかし、チャーチルが九〇歳で没した一九六五年ならどうだったろうか。この年、ヒトラーは生きていれば七六歳になっているが、吉田茂は八七歳でなお健在だった。ちなみに、ドナルド・トランプが合衆国第四五代大統領に当選したのも七〇歳であり、まだ七〇代なら現役といってよい。この一九六五年、日本の劇映画では初めて「生きていたヒトラー」が登場した。ハナ肇とクレージーキャッツ結成一〇周年記念作品《大冒険》（古澤憲吾監督、東宝・渡辺プロダクション）である。主人公・植松唯人（植木等）は『週刊トップ』のジャーナリストであり、「火のないところに煙を立てる」週刊誌を風刺した作品として見ることもできる。円谷英二が特技監督をつとめたこのコメディ映画では偽札を造る「ナチス陰謀団」を背後で操る黒幕として「ヒトラー」をアンドリュー・ヒューズが演じていた。ヒューズは日本で活動するトルコ人貿易商だったが、《大冒険》のために実施された「ヒットラーのそっくりさん」公開募集で選ばれた。ヒューズは三年後、同じ東宝クレージー映画

《日本一の裏切り男》(須川栄三監督)でもう一人の人気独裁者、マッカーサーを演じている。
こうした日本の大衆文化におけるナチカル受容史は、ヒトラー神話をメディア流言として読み解く上で不可欠である。以下では、そうしたメディア流言として二〇一四年の『アンネの日記』破損事件と二〇一五年の元少年A『絶歌』出版事件を検討する上で必要な限りにおいて、ナチカルの文芸作品とトンデモ本の系譜を確認しておきたい。
日本の文芸作品で「ヒトラー日本亡命」説を利用した最も重要な作品は、福田恆存《つねあり》の戯曲『総統いまだ死せず』(一九七〇)である。劇団四季(演出・浅利慶太)によって同年初演された。ヒトラー自殺前後に逃げ出した自称「ヒトラーの影武者」と彼を利用しようとする「ヒトラー信奉者」のやり取りのなかで、実は影武者が「ほんもの」、つまりヒトラー本人かもしれないという疑惑も浮上してくる。劇中人物の水巻は、こう問いかける。

君達はいつもテレビで吾が日本の総理の顔を眺めてゐるね、そしてそれを本物の総理だと思ひこんでゐる、が、あれは本物ではない、単なる映像に過ぎないのだ、その映像と替玉と一体何処に違ひがある?

メディアにおけるリアリティとは何かが鋭く問われている。本物のヒトラーでさえ、メディアに映ったヒトラーほどには魅力的ではない。最高に魅力的なヒトラーを本物と見なすなら、ヒトラー自身さえその替え玉に過ぎない。そう主張する水巻の身振りはヒトラーの動作と同じものになっていく。大衆は自らの欲望のいけにえとして、つぎつぎと英雄の替え玉を作り出す。替え玉の替え玉、そのまた替え玉…が生み出されるメディアの中に、本当の大人物《グレイト・マン》など存在しない。そこにいるのは有名人《ビッグ・ネーム》だけなのだ。「ヒトラーが生きている」という言説は、そうしたビッグ・ネームで動くメディア社会の現実に対する批判でもある。水巻の次のセリフこそ、ヒトラー神話が持続する理由を説明しているようだ。

寛容と平和をモットーとする今の世の中でも、例外無しに誰からも好意を以て迎へられる様な人間は一人もゐないが、反対に、誰が悪口を言つても何処からも文句の出ない人間が唯一人ゐる、それがヒトラーだ、テレビでも映画でも、ヒトラーに対する嘲笑と憎悪だけは文句無しに通用する――(皮肉に笑ひながら)僕が今一番恐れてゐる事は、さういふヒトラー憎悪がいつしか総統を死の世界から喚び戻しはしないかといふ事なのだがね

この戯曲が発表された一九七〇年代の日本では、マスメディアの世界で「総統を死の世界から喚び戻」す試みが大胆に実行されていた。ヒトラー神話を日本社会で最強の都市伝説に引き上げた契

機として、五島勉『ノストラダムスの大予言』(一九七三)の大ベストセラー化は無視できない。五島は本書第7章では左翼バクロ雑誌『真相』の反米主義ライターとして登場している。ミシェル・ド・ノートルダム(一五〇三〜六六)、ラテン語風に綴ってノストラダムスは、シャルル九世の侍医をつとめたフランス・ルネッサンス期のユダヤ系占星術師である。その暗号めいた四行詩は古くから多様に解釈されてきた。一番有名なのは、次の詩である。

一九九九の年、七の月
空から恐怖の大王が降ってくる
アンゴルモアの大王を復活させるために
その前後の期間、マルスは幸福の名のもとに支配に乗り出すだろう

一九九九年の大破局説は、その日が来るまで多くのメディアで紹介され続けた。『ノストラダムスの大予言 最終解答編』(一九九八)までシリーズ一〇巻が刊行された。第一弾だけでも一九九八年八月までに累計発行部数は二〇九万部(四五〇版)に達していた。五島は右の詩の解釈として全面核戦争、地球環境汚染、彗星衝突など人類の終末をにおわせているが、必ずしもナチズム復活までは示していない。しかし、別にヒトラー登場を予言する詩を紹介しており、SFファンには「マルス

（火星）の大義」の下にちょび髭のヒトラー（アンゴルモアの大王）がＵＦＯ軍団を率いて降臨するというイメージがわかりやすかったようだ。『ノストラダムスの大予言』が大ヒットした後、五島はヒトラーも予言者だったとする『１９９９年以後――ヒトラーだけに見えた恐怖の未来図』（一九八八）を刊行している。これに類するヒトラー関係本はそれ以後も大量に出版されてきた。

当然のことながら予言崩壊の一九九九年七月以後はそうしたトンデモ本はいっとき書店から消えていた。だが、戦後七〇周年に五島は『１９９９年以後』を『ヒトラーの終末予言――側近に語った２０３９年』（二〇一五）として改訂出版している。日本に「戦後」が続く限り、メディアの中でヒトラー神話は再生産されるのではあるまいか。

ステレオタイプ視された『アンネの日記』破損犯

そのことを象徴的に示したのが、二〇一四年二月の『アンネの日記』破損事件である。東京都内や神奈川県内の図書館などで『アンネの日記』関連本が破られる事件が続発した。図書の破損はそれが何であれ厳しく追及されるべき犯罪だが、『アンネの日記』は特別だった。ホロコースト犠牲者が残した記録を破損する行為をネオナチなど差別主義者の犯行にちがいない、と誰でも思ってしまう。在米のユダヤ人人権擁護団体サイモン・ウィーゼンタール・センターは、さっそく「衝撃と深い懸念」を表明し、「事件はホロコーストに関する記憶を侮辱する組織的な試みである」と断じた。これを受けて中国、韓国、さらに欧米の主要新聞も日本社会の「右傾化」と関連付けて事件を報じた。そのため、二月二一日には菅義偉《すがよしひで》官房長官が「極めて遺憾なことであり、恥ずべきことだ」と記者会見でコメントし、警察当局の徹底捜査を求めた。新聞もテレビも「日本のイメージを損ないかねない問題だ」(二〇一四年二月二七日付『産経新聞』)として、この報道を過熱させた。それらはすべて、まだ容疑者像さえ定まっていない段階での出来事である。

『週刊新潮』二〇一四年三月六日号に掲載された上智大学名誉教授・福島章の容疑者逮捕前のコメントが「ヒトラー神話」の根深さを典型的に示している。犯人は「ナチズムやネオナチの思想に傾倒している者」、『アンネの日記』を詳しく教えられた世代、つまり四〇~五〇代の単独犯だ、と福島は推定していた。だが、三月七日に逮捕された容疑者は精神科に通院歴のある三六歳の男性であり、反ユダヤ的な思想的背景は認められなかった。同年六月二〇日、東京地方検察庁は犯行当時心神喪失の状態にあったとして被疑者を不起訴としている。

警察の予断捜査を日頃は厳しく批判する人権論者も、この問題では一様にメディア報道のステレオタイプに同調していた。メディア流言の神話作用においてステレオタイプの概念は重要である。この概念を提示したウォルター・リップマンは、『世論』(原著、一九二二)で画一的報道を生み出すステレオタイプ化を次のように批判している。

われわれはたいていの場合、見てから定義しないで、定義してから見る。外界の、大きくて、盛んで、騒がしい混沌状態の中から、すでにわれわれの文化がわれわれのために定義してくれているものを拾い上げる。そしてこうして拾い上げたものを、われわれの文化によってステレオタイプ化されたかたちのままで知覚しがちである。

『世論』の刊行当時、新聞は活字を拾って紙型を取り、その鉛版(ステレオタイプ)が輪転機にかけられた。電子印刷の今日、新聞にステレオタイプは使われていないが、「パターン化した画一イメージ」の報道はますます盛んになっている。それは情報を簡単にペースト、リツイートできるウェブ上ではさらに加速化している。容疑者の逮捕後、「男の言動に不安定な部分もみられることから、捜査一課は刑事責任能力の有無も含めて慎重に捜査している」(三月一三日付『産経新聞』夕刊)と報じられたが、既に報道された「反ユダヤ主義者」ないし「ヒトラー信者」というステレオタイプにとらわれず、犯行の動機を解明することは困難だった。状況の定義が状況そのものを確定してしまうからである。

もちろん、私たちはステレオタイプを事態を予測する目的で日常的に利用している。それは社会の複雑性を縮減する安心のシステムに組み込まれており、効率的な情報の伝達にも不可欠である。その効用を認めた上で、リップマンはステレオタイプから距離をおく専門家の必要性を訴えていた。

どんな分野であれわれわれが専門家になるということは、われわれが発見する要素の数をふやすことであり、それに加えて、あらかじめ期待していたものを無視する習慣をつけることである。

この場合、「あらかじめ期待していたもの」こそヒトラー神話にほかならない。それを無視する習慣をつけるためにも、ヒトラー神話に感情的に反応するのではなく、知的に理解する「専門家」が必要なのである。

元少年Aのコミュニケーション戦争

二〇一五年の『絶歌――神戸連続児童殺傷事件』出版もマスメディアにおけるヒトラー神話の取扱いにおいては典型的な事件だった。『絶歌』の著者「元少年A」こと「酒鬼薔薇聖斗」は、一九九五年のオウム真理教事件の麻原彰晃と並ぶヒトラー主義者と目されていたからである。「酒鬼薔薇聖斗」の犯行声明文に描かれた奇妙な風車マークはナチスの鉤十字と米国の連続通り魔事件で犯人が使っていた図形を組み合わせたものと、逮捕されたとき一四歳の少年は供述した。それ以後、新聞や雑誌は一斉に少年Aがヒトラー崇拝者であると書き立てた。これにふれたノンフィクションや手記も多く出版されている。高山文彦『「少年A」14歳の肖像』によれば、少年Aは『わが闘争』が愛読書」と少年審判の際に語っている。両親の手記『「少年A」この子を生んで…』によれば、NHKドキュメンタリー《ヒトラーの野望》を見て興味をもった少年Aにヒトラーの『わが闘争』を買い与えたのは母親である。はたして、少年Aはヒトラー崇拝者ゆえに猟奇殺人を犯したのだろうか。

二〇一五年六月一一日、医療少年院を出て通常生活に復帰していた元少年A(三二歳)は、被害者遺族に承諾を得ることなく犯行の詳細を描いた手記『絶歌』を刊行した。新聞やテレビはその発売を大きく報じ、初版一〇万部はたちまち売り切れた。被害者遺族は出版社に「重大な二次被害」を訴えて回収を求め、ウェブ上でも出版社の「反社会的」商業主義を批判する意見が圧倒的だった。販売を自粛した書店もあれば、閲覧を制限した図書館もあるが、そうした反響がメディアで報じられることで、この炎上ビジネスは成功し、『絶歌』はベストセラー第一位となった。そうした展開を版元の太田出版は十分に計算していたはずである。それは著者「元少年A」を名乗る匿名の成人Aも同じはずだ。

僕はこの時期(二〇一〇年頃)から、自分の事件について本格的に〝勉強〟を始めた。自分についで書かれた本を集め、新聞や雑誌記事なども事件当時のものにまで遡ってほとんどすべてに眼を通し、自分だけではなく他の少年犯罪についても調べた。

『絶歌』はこうした計画的な「学習」レポートであって、赤裸々な心情告白とは言えない。逮捕当時を回想する場面では、次のように洩らしている。

> 「怪物」と呼ばれ、ひとりでも多くの人に憎まれ、否定され、拒絶されることだけが、僕の望みであり、誇りであり、生きるよすがだった。

こう回想する成人Aは、現代を「コミュニケーション戦争の時代」と認識している。

> コミュニケーション能力を持たずに社会に出て行くことは、銃弾が飛び交う戦場に丸腰の素っ裸で放り出されるようなものだ。

もちろん、匿名という防弾チョッキをまとった成人Aは、素っ裸などではない。それにしても、一八年前の凄惨な事件を理解するためにヒトラー神話は本当に必要だったのか。私はこの疑問を『絶歌』から読み取ろうと努めた。結論からいえば、それは不要である。マスメディアは「ヒトラー」を誰でも納得できる分かりやすい悪の「記号」として使っているに過ぎない。「酒鬼薔薇聖斗」声明文シンボルマークの鉤十字への言及は『絶歌』にもあるが、「ヒトラー」は一度も登場していない。それでも少年Aがなぜ犯行後にヒトラーを称賛したかをほのめかす記述は存在する。

隠したいことは隠したまま、それまでせっせと溜めこんだ異常快楽殺人のマニアックな知識を総動員して、自分が思い描くとおりの「異常快楽殺人者」のイメージ像をこの人（精神分析医）に植え付けたい衝動に駆られた。

「ヒトラー」という記号は精神分析医との情報戦に臨む彼にとってリーサルウェポン（必殺兵器）だったということだ。その意味で、少年Aの「コミュニケーション戦争」は終わっていない。いや、その戦争はむしろ激化していると言ってよい。一九九七年の事件当時はまだネット普及も初期段階で、少年Aもパソコンを所持していなかった。いまでは、少年Aの実名や写真などはスマホで誰でも簡単に検索できる。成人Aがコミュニケーションに抱くイメージが「平和」より「戦争」なのは当然かもしれない。

そうした「情報戦記」が被害者遺族の心情を害したことはまちがいない。また情報戦である限り、嘘もデマも方便となるだろう。当然、数十万部単位で発行された『絶歌』もまた情報宣伝のメディア流言である。

成人Aのメディア流言に触れていたかどうかは不明だが、二〇一六年七月に相模原市の障害者施設・津久井やまゆり園で入所者一九名を殺害した元職員・植松聖被告（当時二六歳）も措置入院中に医療関係者に対し、「ヒトラーの思想が二週間前に降りてきた」と発言している（同年八月二日付『朝日新聞』夕刊）。

さらに拘置所で『アンネの日記』を読んだ植松被告は、ナチの障害者殺害を肯定する一方で、「ユダヤ人虐殺は間違っていた」と答えている（篠田博之、二〇一八）。ヒトラー神話を前提とした「コミュニケーション戦争」はここでも展開されている。

それでも、私は『絶歌』の出版を規制すべきではないと考える。折しも、ヒトラー没後七〇年にあたった二〇一五年にはドイツでも『わが闘争』の「禁書」継続の是非をめぐる論争が再燃していた。七〇年間で著作権の保護期間が終了するため、二〇一六年以後は『わが闘争』もパブリックドメインとなるためだ。ドイツではこの解禁にあたり、二〇一六年一月八日に現代史研究所（ＩｆＺ）が膨大な註釈で本文を圧するような大判二冊の「批判版」（kritische Edition）を刊行した。発売前から予約注文が殺到して異例のベストセラーとなったが、果たして「批判版」に取り組んだ歴史学者の期待どおりの効果が得られただろうか。一般書としては高額（五九ユーロ＝約七五〇〇円）な「批判版」を買わない人々にとって、註釈付の豪華版の存在そのものがヒトラー神話を否定するどころか、裏書きすることになったのではないか。フランス国立科学センター研究部長のクロード・ケテルはこう書いている（クロード・ケテル、二〇一八）。

『わが闘争』を一語一語批判して、注だらけにするやり方は、言葉のあらゆる意味で貧相な本文にかえって高い価値を生じさせるのではないだろうか。原典のなかの原典である聖書をはじめとして、どの原典にもこれほどの註釈はつけられなかった。なんと名誉なことだろう！

もちろん、それは紙の書物だけの話である。現在では、ドイツ語全文もウェブ上で誰もが読むことができる。『わが闘争』について、ユダヤ系米国人ジャーナリストのジョナサン・ローチが『表現の自由を脅すもの』で述べた言葉を嚙みしめたい。

馬鹿どもが読んで興奮するような本や言葉を禁止するということは、我々の中の一番低級な輩《やから》に、我々が何を読んでいいか、何を聞いていいかを決めさせることになるのである。

市民がよく読み、よく議論すれば、正しく問題を処理できる。「表現の自由」はそうした市民的公共性の理想型に依拠している。そうした理想を知識階級の幻想だと退けたのがヒトラーだったことを想起したい。ヒトラー神話というメディア流言は、私たちに歴史の語り口の問題を突きつけている。ナチズムに関する歴史叙述では、（ファシズム、戦争などを）「許すことはできない」、（自由、平和などを）「守り抜かねばならない」、といった規律＝訓練《ディシプリン》の話法が多用される。しかし、この話法はそもそもファシストの語り口ではなかったか。必要なのはファシストの話法によらないファシズムの語りであり、反ファシズム的（ファシストの裏返し）ではない非ファシズム的な解釈なのである。その意味で、ヒトラー神話は道徳的に断罪して済むものではなく、それを知的に理解することが求められている。これはあらゆるメディア流言についても言えることではないだろうか。

おわりにかえて

fakebook
事業所に虚偽説明
「全数調査」抽出変更後も
厚労省、違反隠蔽認める
担当課、06年に認識
調査法変更「慎重」
厚労省15年検討会 議論
定期協議合意
ルノー新体制へ会談

説得コミュニケーションとしての流言

メディア流言はなくなることはないだろう。それは社会変動にともなう揺らぎの中で人々がストレスと不安の解消を求めて行うコミュニケーションの所産であり、現代社会、すなわちメディア社会の構成要素の一部だからである。一方で、学問としてのマス・コミュニケーション研究は、総力戦体制期に「正しい情報を効果的に伝えるプロパガンダ研究」として成立した。その正しい情報は送り手側の主観において「正しい」のであって、プロパガンダの内容の真偽はその効果の大小ほどには重視されていなかった。「マス・コミュニケーション」という新造語も「プロパガンダ」の代用語として第二次大戦中のアメリカで使われ始めた(佐藤卓己、二〇一八)。

戦時デマの予防と抑制を目的とした流言の古典的研究——たとえば、G・W・オルポート&L・ポストマン『デマの心理学』は「真珠湾デマ」とアメリカ国民の戦意分析から始まる——も、効率と精度を追求する総力戦体制の遺産であり、「正しい情報」がコミュニケーション過程で歪められる諸要因の解明が目指されていた。それは「情報の崩壊モデル」と呼ぶことができる。今日の「ポスト真実」論も、このモデルの上で語られることが多い。正しい「真実」がまず起点としてあり、メディアに歪曲された真実、すなわち「ポスト真実」に変化する、そうした情報の劣化イメージである。

しかし、メディア研究の出発点にあったのは、効果的なメッセージ伝達であって正しいメッセージ内容ではない。その事実をまずは正しく認識することが必要である。私たちが友人と日常行うコミュニケーションにおいて、最優先するのが親密な心地よさ（効果）なのかメッセージの整合性（正しさ）なのか、と自問してみるとよいだろう。その上で、流言に「あいまいな状況にともに巻き込まれた人々が自分たちの知識を寄せあつめることによって、その状況について有為な解釈を行おうとするコミュニケーション」（シブタニ、一九八五）の定義を採用したい。この定義から見えてくるメディア流言とは、送り手にとっても受け手にとっても「情報崩壊」ではなく、「情報構築」なのである。

SNSの普及は、かつては情報の受け手にすぎなかったすべての人々が情報の送り手となることを可能にした。それはメディア流言の「情報構築」モデルにおいて誰もが自己メディア化する社会の成立を意味する。だが、それが新しい変化とは言えないことを本書はメディア史から明らかにしてきた。「最も古いメディア」うわさの伝播プロセスにおいて、私たちはただの受け手ではありえず、目的に応じてうわさの内容を取捨選択し、自分がより説得的だと思う情報を付け加える。こうした伝播プロセスを考えるなら、うわさについて語った者はすべて情報の送り手となる。たとえ無自覚であれ自主的に伝達に参加する「くちコミ」は、バイラル（感染）メディアであるSNSの参加

＝動員のシステムとよく似ている。つまり、「ポスト真実の時代」で問われているのは、受け手＝送り手になったメディア流言と向き合う私たち自身の姿勢なのである。

つまり、今日のメディア流言は受け手＝送り手の説得コミュニケーションである。誰であれ流言をツイートするとき（あるいはリツイートするとき）、無意識のうちにも相手の反応をモニターし、情報をコントロールしている。こうしたコミュニケーションにおいて、客観的な立場でその内容を冷静に分析することは、口で言うほど簡単なことではない。かつてイギリスの新聞王ノースクリフ卿はこう語った。「ニュースとは、だれかがどこかで抑圧しようと望んでいる事柄である。それ以外はすべて広告だ」。私たち一人ひとりがジャーナリスト、すなわち広告人なのである。

私たちはこうした説得コミュニケーションの情報空間で生活している。そのことは、インターネットが普及する以前から確認されていた。A・プラトカニス＆E・アロンソン『プロパガンダ――広告・政治宣伝のからくりを見抜く』（原著、一九九二）のたとえ話が印象的である。

平均的なアメリカ人は、一生涯に七〇〇〇万回以上の広告を見たり聞いたりする。これとは対照的に、一七世紀のニューイングランドでは一週間に一度、教会に足を運んだ清教徒が一生涯に聴いた説教は三〇〇〇回にすぎない。

一七世紀の二三〇〇倍以上の説得コミュニケーションを浴びていた二〇世紀人にも、言葉の一つひとつをまじめに受け止めるゆとりはなかった。清教徒は二時間でも説教に耳を傾けたが、テレビ広告はせいぜい三〇秒、大半は刺激的なワンフレーズ(サウンドバイト)である。それを無視するか、すぐ忘れることが情報処理上最も手っ取り早い問題解決の方法となる。コンピュータとは何よりも記憶装置であり、クラウドコンピューティングのウェブ2.0時代において、二一世紀の私たちが脳内に記憶する必要性はますます少なくなっている。記憶の必要がなくなり、記録があいまいになったとき、果たして私たちはまじめに情報の吟味をしようとするだろうか。

「真実の時代」の到来?

「歴史上最速で普及した工業製品」であるスマートフォンが新聞、雑誌、ラジオ、テレビと大きく異なるのは、一人一台をデフォルトとする情報端末であることだ。家族の中の事情通(オピニオン・リーダー)の同伴なく、誰もが一人でビッグデータと向き合っているわけである。マスメディアは情報を制御するゲートキーパー機能を備えていたが、インターネットはゲートキーパーなき情報拡散メディアである。そのウェブ空間において、メディア流言は異常でも特別でもない、自然で日常的な情報なのだ。

他方で、私たちはＡＩ(人工知能)が本格的に利用される次のステージも想定しておくべきだろう。

ビッグデータから文章を自動生成し、それを自動校正システムにかけて記事を出稿するAI記者はすでに実用段階に入っている。AIの開発ではノン・バイアスでリライアブルな、つまり客観的で信頼できる情報システムが目指されている。AIが自動生成した文章を「次世代ジャーナリズム」と呼ぶかどうかはともかく、アルゴリズム次第では人間の能力を超えた水準で誤情報、あるいはフェイクニュースを排除することは可能である。AIを使った流言の排除により、「真実の時代」を実現することもできるだろう。問題はフェイクニュースなどメディア流言が消えた社会が果たして「良い社会」となっているかどうかである。AI駆動の「真実の時代」において、人間はその情報が正しいかどうか悩まなくてもよいとすれば、それは人間にとっては快適な情報環境にちがいない。ただし、ウェブ上の快適な政治が良い政治とは限らないように、こうした快適な情報環境が本当に良い世界になると言えるだろうか。

誤情報はすべて排除して正しい情報のみを残すべきだ、そうした主張はなるほど正論である。しかし、この正論は歴史上しばしば「表現の自由」を抑圧する権力側の口実として利用されてきた。そして公共メディアで「正しい情報」のみが伝えられた全体主義国家、たとえばナチ第三帝国であれ、ソビエト連邦であれ、それは流言にあふれた社会であった。しかし、AI時代の全体主義国家であれば、オルタナティブ・ファクト(代替的事実)である流言をメディアから完全に排除する「クリーンな情報社会」を実現できるかもしれない。

さらに、より根源的な問いに目を向けたい。そもそも客観的で信頼できるAI制御の情報空間で、人間は本当に幸せに暮らせるのだろうか。たとえば、そうした情報システムが進路選択に採用されたとする。いや仮定の話ではなく、すでに一部の企業はAI技術を入社選抜や人事評価に導入している。依怙贔屓《えこひいき》のある主観的な選抜・評価よりも客観的で信頼できるものを望む声に反論することはむずかしい。それゆえ、選抜・評価へのAI技術の導入は避けがたいはずだ。たとえば、AIがあらゆる受験生の個人情報をビッグデータに照らして客観的に判断すれば、一発勝負の試験だけではなく普段の学習態度まで加味した、誰も不満を口にできないほど正確な客観的評価をくだすことも可能だろう。

だが、まさに「誰も不満を口にできない」評価の存在こそが問題なのである。こうした「真実の評価」で選ばれなかった者の身になって、それが自己肯定感に与えるダメージの大きさを考えてみればよい。現行レベルの、つまり改善の余地がある選抜システムであればこそ、言い訳はいくらでも可能なのだ。客観性を極度に追求した人物評価システムで「ダメだし」を受けた場合、そのダメージは決定的である。エリート（選良）だけが自己肯定感を満喫できる社会が望ましい社会とはとても思えない。だとすれば、客観性と正確性を追求するAIの世界において、私たち人間の最後の拠り所が「あいまいさ」なのではなかろうか。

情動社会のメディア・リテラシー

そう考えるなら、あいまい情報であるメディア流言も単純に否定すべきものではなく、私たちは「流言がある世界」をまず現実として受け入れる必要があるはずだ。そもそも、日常生活における私たちの行動はほとんど身の回りで耳にするあいまい情報に基づいて決定されている。しかし、それで生活に不都合をきたすことは少ない。私たちの自由はそうした不確実な情報環境の上に成り立っている。さらに言えば、あいまい情報によって人間は新しい情報環境に適応する能力を日々鍛えられているのである。

本書で扱った流言、デマ、風評、誤報なども、その分析を通じて社会の感情や欲望、すなわち世論への洞察に導いてくれる貴重なデータである。世論（大衆感情）より輿論（公的意見）を尊重するべきだという私の規範意識は変わらないが、これからの時代において世論をますます注視する必要があることは確かである。そのためにも、「国民感情調査」である世論調査はますます有効に活用すべきだろう。

ただし、ＡＩ時代においては、わずらわしいアンケート調査に回答しなくても、ビッグデータで代用できるものが多い。また、情報が少なければ、私たちは情報の欠落部分を何とか解釈で埋め合わせようとしてきたが、ＡＩ駆動で情報の欠落がまれになる「真実の時代」に、私たちは思考力を働かせようとするだろうか。むしろＡＩが示してくれる合理的な解釈に判断をゆだねるのではあるまいか。そのほうが安楽だからである。その結果、こうした情報空間で人間に求められるのは理性的な思考より感情的な決断だけとなる。すでに二〇世紀の「輿論の世論化」において始まった、情報社会から情動社会への変化はいっそう加速するはずだ。

まだ文脈依存型コミュニケーションの印刷メディアが主流であった情報社会では、討議による論理的な合意形成、すなわち市民的な輿論は理想でありえた。しかし、つながっている状態そのものに価値をみとめる接続依存型コミュニケーションのSNSが主流となる情動社会では、情緒的な世論に人々は身をゆだねるだけになるのではないか。情動社会のメディアとして、第3、第4章で扱った秘密社会の怪文書は原型的である。怪文書の読者は一般新聞読者に比べて、教養や知識が劣っていたわけではない。むしろ怪文書は情報より情動を重んじる知識人に受容された。今日SNSでフェイクニュースを拡散している者とて、必ずしも低学歴の貧困層というわけではない。

SNS上のフェイクニュースも、本書で扱ったメディア流言と同様に、その内容の大半は犯罪・災害・戦争など恐怖や憎悪の感情を呼び起こす否定的な事象であり、特にマイノリティーや外敵に関する差別表現が多い。それは人間という生き物の暗部を理解するためには必要なデータである。ヘイト情報として取り締まるべき対象であったとしても、それは私たち自身が真摯に向き合う課題である。しかし、そうしたヘイト情報に向き合うこと、ましてその規制にたずさわることは、誰にとっても決して気持ちのよい仕事ではない。そのわずらわしさから、ヘイト情報の削除をAIにゆだねたいと考えるのは人間として自然なことなのだ。

この点こそ、未来の深刻な問題だと私は考えている。私自身をふくめ、多くの人は快適さを求めてわずらわしい判断をＡＩにゆだね、その動きに適応してゆくはずだ。ＡＩの動きを予測して動くことは、機能的に見れば、ＡＩに命令されているのと変わらない。ＡＩが人間化するより、人間がＡＩ化する可能性が高いのである。そしてＡＩはあいまい情報を苦手とするため、ＡＩ化した人間があいまい情報の自動的なクレンジングを要求するという事態は十分に予想できる。

そうした「真実の時代」はジャーナリズムにとっても不幸な時代となるだろう。あいまい情報の世界においてこそ、信頼できる情報を伝えるメディアは高く評価されてきたからである。だとすれば、「ポスト真実の時代」と呼ばれる現代こそ、出版、新聞、放送など既存メディアがその人間的な真価を発揮する好機なのかもしれない。もちろん、私たちもメディア流言があふれていることをデフォルトとしてみとめた上で、信頼できるメディアを自ら育てていく覚悟が必要とされている。

マスメディアの責任をただ追及していればよかった安楽な「読み」の時代はすでに終わり、一人ひとりが情報発信の責任を引き受ける「読み書き」の時代となっている。こうした現代のメディア・リテラシーの本質とは、あいまい情報に耐える力である。この情報は間違っているかもしれないというあいまいな状況で思考を停止せず、それに耐えて最善を尽くすことは人間にしかできないことだからである。

あとがき

本書は二〇一三年冬から二〇一五年秋にかけて『季刊　考える人』（新潮社）に八回連載した「メディア流言の時代」を再構成の上、大幅に加筆したものである。偶然にも二〇一四年には第６章で扱った新聞誤報事件が起こり、メディア史家の仕事としてはアクチュアルな連載となった。「いつ本にまとまるのか？」と何回かご照会いただいたが、予定していた残りを書かないまま棚上げになっていた。

結果的には、それがよかったようだ。連載終了の翌年、二〇一六年のブレグジット（英国ＥＵ離脱）国民投票やトランプ氏の米国大統領当選で「ポスト真実」や「フェイクニュース」という言葉が流行し、「メディア流言の時代」は新たな展開を見せた。確かに、いまこの状況で必要なのはフェイクニュースを長い射程で捉えるメディア論、すなわちメディア史である。メディアは前向きにしか進化しないが、分析は後ろ向きにしかできない。私たちがいま直面しているデジタル情報社会へ向けても、マーシャル・マクルーハンのいうように「バックミラーをのぞきながら前進する」しかないのである。

ようやく連載をまとめる気になったとき、新書化の提案を岩波書店の上田麻里さんからいただいた。上田さんと初めてお会いしたのは、私が東京大学社会情報研究所(現・情報学環)助手だった一九九〇年代初頭である。学生だった上田さんに日本新聞学会(現・日本マス・コミュニケーション学会)事務局の作業を手伝ってもらっていた。

当時の東京大学社会情報研究所は「メディア流言」を学ぶには最適の環境だった。私は杉山光信先生の社会史ゼミと広井脩《おさむ》先生の災害情報学ゼミにも参加していた。杉山先生はエドガール・モラン『オルレアンのうわさ』の訳者であり、広井先生にはタモツ・シブタニ『流言と社会』の翻訳や『うわさと誤報の社会心理』などの著作があった。そうした社会学や社会心理学の先行研究をずいぶん昔から読んでいたわけである。それが十分に活かされているかどうかは不安だが、本書が成立する背景として書き留めておきたい。広井ゼミには『うわさとは何か——ネットで変容する「最も古いメディア」』(中公新書、二〇一四)を上梓された松田美佐さんも参加していた。連載の開始後、松田さんのツイッターで「やっぱ、引き続き、面白いなぁ。佐藤さんの連載。」とのつぶやきを発見した。まさに良い風評、ありがたいメディア流言とでもいうべきだが、そうした「うわさの専門家」が読者として存在したため、緊張感を持って連載を続けることができた。

本書の構成は、『考える人』連載分に第6章「記憶紙の誤報」を挿入し、「はじめに」と「おわりにかえて」を加えた。ただし、「はじめに」は「デジタル時代にこそメディア史的思考を」『世界思想』（世界思想社）二〇一八年春号に加筆したものであり、第6章は「誤報事件の古層」『図書』（岩波書店）二〇一四年一二月号、「「誤報」のパラダイム転換ができれば新聞全体の信頼性は間違いなく回復する」『Journalism』（朝日新聞出版）二〇一五年三月号の内容をまとめた。『考える人』では嶋津真砂子さん、『世界思想』では中川大一さん、『図書』では坂本政謙さん、『Journalism』では竪場勝司さんに編集を担当していただいた。

なお、上田麻里さんが企画打ち合わせの際に言われた言葉がいまも心に響いている。「新しいメディア・リテラシーを考えるヒントも得られる一冊を作りたい」。それが実現できたかどうかは読者のご判断にゆだねるほかないが、刊行までの長い道のりを伴走していただいた皆さまに改めて感謝を申し上げたい。

二〇一九年二月

佐藤卓己

なお、本書は二〇一六〜一八年度科学研究費助成研究・挑戦的萌芽研究「誤報記事と新聞批判のメディア史的研究」（研究代表者・佐藤卓己、課題番号：16K12549）の成果の一部でもある。

主要引用文献

本書執筆にあたり，多くの流言，うわさ，誤報，陰謀論，プロパガンダにかかわる先行著作を参照したが，紙幅の関係もあり本文で引用した文献のみにとどめた．ただし，本文中で発行日や巻号を記した新聞記事，雑誌記事は省略した．

はじめに

J・N・カプフェレ，古田幸男訳『うわさ〔増補版〕』法政大学出版局，1993年

木下冨雄「流言」，尾高邦雄等編『現代社会心理学 Ⅳ 大衆現象の心理』中山書店，1959年

タモツ・シブタニ，広井脩・橋元良明・後藤将之訳『流言と社会』東京創元社，1985年

津田正太郎「「聴く」プロパガンダ(上)」『社会志林』65巻3号，2018年

津田大介『情報戦争を生き抜く』朝日新書，2018年

林二十六「捏造ニュースと新聞」『現代新聞批判』1940年5月15日

アーサー・ポンソンビー，永田進訳『戦時の嘘』東晃社，1942年

第1章

安倍北夫『パニックの心理』講談社現代新書，1974年

荻上チキ『検証 東日本大震災の流言・デマ』光文社新書，2011年

オーソン・ウェルズ&ピーター・ボグダノヴィッチ著，ジョナサン・ローゼンバウム編，河原畑寧訳『オーソン・ウェルズ』キネマ旬報社，1995年

G・W・オルポート&L・ポストマン，南博訳『デマの心理学』岩波現代叢書，1952年

H・キャントリル，斎藤耕二・菊池章夫訳『火星からの侵入』川島書店，1971年

デイヴィッド・グッドマン，長﨑励朗訳『ラジオが夢見た市民社会』岩波書店，2018年

ハワード・コック，大門一男訳「火星人が来襲してきた」『文藝春秋』1971年6月号

佐藤卓己『現代メディア史 新版』岩波テキストブックス，2018年

カール・シファキス，鶴田文訳，『詐欺とペテンの大百科』青土社，1996年

マーク・スロウカ，金子浩訳『それは火星人の襲来から始まった』早川書房，1998年

鶴見俊輔『思い出袋』岩波新書，2010年
百百正雄「火星軍アメリカ襲来騒動」『サンデー毎日』1938年12月18日号
スタンリー・J・バラン＆デニス・K・デイビス，宮崎寿子監訳，『マス・コミュニケーション理論』上下，新曜社，2007年
藤竹暁『パニック』日経新書，1974年
リチャード・フランス，山崎正和訳『オーソン・ウェルズ 青春の劇場』講談社学術文庫，1983年
R・L・ロスノウ＆G・A・ファイン，南博訳『うわさの心理学』岩波現代選書，1982年
Joy Elizabeth Hayes, Kathleen Battles and Wendy Hilton-Morrow, ed., *War of the Worlds to Social Media: Mediated Communication in Times of Crisis,* Peter Lang, 2013.
Jefferson D. Pooley & Michael J. Socolow, Critical Communication History | Checking Up on The Invasion *from Mars*: Hadley Cantril, Paul Lazarsfeld, and the Making of a Misremembered Classic, in: International Journal of Communication, No. 7, 2013
Jefferson Pooley & Michael Socolow, "The Myth of the War of the Worlds Panic," https://slate.com/culture/2013/10/

第2章

太田正孝「新聞に関する理想四ケ条」『実業之世界』1924年1月号
尾原宏之『大正大震災』白水社，2012年
工藤美代子『関東大震災』産経新聞出版，2009年
坂田稔「日本近代史に見るくちコミの諸類型」，南博編『くちコミュニケーション』誠信書房，1976年
佐藤卓己『言論統制』中公新書，2004年
レベッカ・ソルニット，高月園子訳『災害ユートピア』亜紀書房，2011年
逓信外史刊行会編『逓信史話 上』電気通信協会，1962年
寺田寅彦「流言蜚語」『寺田寅彦全集』第7巻，岩波書店，1997年
東京都警視庁警備部・陸上自衛隊東部方面総監部編『大震災対策研究資料』東京都警視庁警備部，1962年
遠山茂樹・今井清一・藤原彰『昭和史〔新版〕』岩波新書，1959年
中島陽一郎『関東大震災』雄山閣歴史選書，1973年
中山啓『詩集 火星』新潮社，1924年
中山啓「新鮮な首都」，詩話会編『震災詩集 災禍の上に』新潮社，1923年
成田龍一「関東大震災のメタヒストリーのために」『近代都市空間の

文化経験』岩波書店，2003 年
エリザベート・ノエル＝ノイマン，池田謙一訳『沈黙の螺旋理論』ブレーン出版，1988 年
藤野裕子『都市と暴動の民衆史』有志舎，2015 年
松山巖『うわさの遠近法』青土社，1993 年
美土路昌一編著『明治大正史 第 1 巻 言論篇』朝日新聞社，1930 年
山本文雄「流言の二つの形態」『関西大学新聞学研究』1967 年
吉野作造「朝鮮人虐殺事件」『現代史資料(6) 関東大震災と朝鮮人』みすず書房，1963 年

第 3 章

赤神良譲「怪文書心理学」『維新』1935 年 10 月号
朝日新聞社社史編修室編『(社内用)朝日新聞編年史 昭和 5 年』朝日新聞社，1969 年
伊藤隆『昭和初期政治史研究』東京大学出版会，1969 年
伊藤正徳「社説の失地恢復に就いて」『新聞総覧』第 26 版，日本電報通信社，1934 年
伊藤正徳『大海軍を想う』文藝春秋新社，1956 年
宇垣一成，角田順校訂『宇垣一成日記 I』みすず書房，1968 年
狩々博士『ドグラ・マグラの夢』三一書房，1971 年
佐藤卓己「日本主義ジャーナリズムの曳光弾」竹内洋・佐藤卓己編『日本主義的教養の時代』柏書房，2006 年
佐藤卓己「キャッスル事件をめぐる〈怪情報〉ネットワーク」，猪木武徳編著『戦間期日本の社会集団とネットワーク』NTT 出版，2008 年
司法省刑事局「所謂キヤツスル事件に関する調査」『思想月報』第 65 号，1939 年
「枢密院関係質問応答資料」小林龍夫・島田俊彦編『現代史資料(7) 満洲事変』みすず書房，1964 年
杉山龍丸『わが父・夢野久作』三一書房，1976 年
鈴木庫三「国防国家と思想」『吉田博士古稀祝賀記念論文集』寶文館，1943 年
宅野田夫「時運をめぐり来つて真相暴露されん」『日本第一新聞』1932 年 9 月 17 日
田畑暁生『メディア・シンドロームと夢野久作の世界』NTT 出版，2005 年
鳥居英晴『国策通信社『同盟』の興亡』花伝社，2014 年
中島武『日本危し！太平洋大海戦』日東書院，1932 年
原田熊雄述『西園寺公と政局』第 5 巻，岩波書店，1951 年
林茂ほか編『二・二六事件秘録』別巻，小学館，1972 年

山根眞治郎『誤報とその責任(増訂版)』内外通信社出版部，1941年
夢野久作「変つた東京の姿」西原和海編『東京人の堕落時代』葦書房，1979年
夢野久作「少女地獄」『夢野久作全集8』ちくま文庫，1992年
吉田則昭『緒方竹虎とCIA』平凡社新書，2012年

第4章

木戸幸一『木戸幸一日記』上巻，東京大学出版会，1966年
佐藤卓己『物語 岩波書店百年史2 「教育」の時代』岩波書店，2013年
清水幾太郎『流言蜚語』日本評論社，1937年／岩波書店，1947年／ちくま学芸文庫，2011年
中山忠直『日本人の偉さの研究』章華社，1933年(先進社，1931年刊の普及版)
中山忠直『我が日本学』嵐山荘，1939年
長山靖生『偽史冒険世界』筑摩書房，1996年
秦郁彦『昭和史の謎を追う 上』文藝春秋，1993年
原敬吾「二・二六事件についての一つの噂」『心』1966年5月号
平泉澄『悲劇縦走』皇學館大学出版部，1980年
福間良明『二・二六事件の幻影』筑摩書房，2013年
松本清張・藤井康栄編『二・二六事件＝研究資料Ⅲ』文藝春秋，1993年
森田朋子「スメラ学塾をめぐる知識人達の軌跡」『文化資源学』第4号，2005年
山本文雄「日本近代の流言について」『新聞学評論』第18号，1969年
渡辺一雄編著『実録 号外戦線』新聞時代社，1963年

第5章

明石博隆・松浦総三編『昭和特高弾圧史5 庶民にたいする弾圧』太平出版社，1975年
井上精三『NHK福岡放送局史』日本放送協会福岡放送局，1962年
荻野富士夫『「戦意」の推移』校倉書房，2014年
川島高峰『流言・投書の太平洋戦争』講談社学術文庫，2004年
清沢洌，橋川文三編『暗黒日記 3』ちくま学芸文庫，2002年
佐藤健二『流言蜚語』有信堂高文社，1995年
佐藤卓己『輿論と世論』新潮選書，2008年
佐藤卓己『天下無敵のメディア人間』新潮選書，2012年
高杉一郎『中国の緑の星』朝日選書，1980年
内閣情報部監修『流言・デマの正体』内閣情報部，1937年
中村古峡『流言の解剖』愛之事業社，1942年
西ケ谷徹「支那事変に関する造言飛語に就いて」『思想研究資料』特輯 第55号，1938年

西ケ谷徹「戦時下ドイツに於ける思想対策」『思想研究』第13輯，1942年
林善助「支那事変下に於ける不穏言動と其の対策に就て」『思想研究資料』特輯 第98号，1941年
平形市蔵「流言蜚語を造る人々」『日本評論』1938年3月号
藤永壯「戦時期朝鮮における「慰安婦」動員の「流言」「造言」をめぐって」，松田利彦・陳姃湲編『地域社会から見る帝国日本と植民地』思文閣出版，2013年
本多喜久夫『デマ』愛亜書房，1943年
李時載「戦時中の朝鮮人の流言の研究」，見田宗介・宮島喬編『文化と現代社会』東京大学出版会，1987年
和田日出吉「二・二六事件 首相官邸一番乗りの記」『中央公論』1936年8月号
和田日出吉「スパイ政治」『二・二六以後』偕成社，1937年
第6章
朝日新聞「新聞と戦争」取材班『新聞と戦争』朝日新聞出版，2008年
内海丁三『新聞の「嘘」』銀行問題研究会，1932年
神楽子治『新聞の"誤報"と読者』三一新書，1977年
城戸又一編『誤報』日本評論新社，1957年
後藤文康『誤報』岩波新書，1996年
鴻上尚史『不死身の特攻兵』講談社現代新書，2017年
佐藤卓己『増補 八月十五日の神話』ちくま学芸文庫，2014年
佐藤癸巳男「誤報・その防止並びに責任」『新聞研究資料』第2号，朝日新聞社，1942年
楚人冠杉村広太郎『最近新聞紙学』慶應義塾出版局，1915年
山根真治郎『誤報とその責任(増訂版)』内外通信社出版部，1941年
渡辺紳一郎「わたしの記者生活」『ぶんさん行状記』四季新書，1955年
第7章
有馬哲夫『歴史とプロパガンダ』PHP研究所，2015年
岩崎昶『占領されたスクリーン』新日本出版社，1975年
江藤淳『閉された言語空間』文藝春秋，1989年
岡留安則『「噂の眞相」25年戦記』集英社新書，2005年
賀茂道子『ウォー・ギルト・プログラム』法政大学出版局，2018年
櫻井よしこ『GHQ作成の情報操作書』小学館文庫，2002年
佐和慶太郎「人民社と「真相」のころ」『現代の理論』1970年12月号
竹山昭子『ラジオの時代』世界思想社，2002年
竹山昭子「GHQの戦争有罪キャンペーン」『メディア史研究』第30号，2011年

田中宏巳『消されたマッカーサーの戦い』吉川弘文館，2014年
中屋健一「太平洋戦争をどう教えるか」『社会科歴史』実業之日本社，1952年1月号
中屋健一「二・二六事件とかけだし記者」『月刊カレント』1982年2月号
中屋健一「嘘ではない真実」『カリキュラム』1955年4月号
中屋健一「マスコミ研究三十年・回顧と展望」『新聞学評論』第30号，1981年
中屋健弌訳『太平洋戦争史(聯合軍総司令部民間情報教育局資料提供)』高山書院，1946年
濱田健二「"真相はこうだ"の真相」『文藝春秋』1954年10月臨時増刊号
藤元直樹「一九四七・真説ゴジラ対占領軍」『映画論叢』40号，国書刊行会，2015年
保阪正康『日本解体』産経新聞社，2003年
松浦総三・佐和慶太郎「『真相』の周辺」『現代の眼』1977年3月号
松田武『戦後日本におけるアメリカのソフト・パワー』岩波書店，2008年
三井愛子「新聞連載「太平洋戦争史」の比較調査」『評論・社会科学』第101号，2012年
山本明『カストリ雑誌研究』中公文庫，1998年
山本武利『占領期メディア分析』法政大学出版局，1996年
吉田裕『日本人の戦争観』岩波現代文庫，2005年
第8章
I記者「札束が舞う焼津港」『週刊読売』1955年5月22日
安部光恭「福竜丸・あれから14年」『文藝春秋』1968年6月号
アレクセイ・A・キリチェンコ，川村秀編，名越陽子訳『知られざる日露の二百年』現代思潮新社，2013年
小林徹編・解説『原水爆禁止運動資料集』第1巻，緑蔭書房，1995年
沢田秀一「放射能不安の上昇・衰退に関する心理学的一研究」『年報社会心理学』第2号，1961年
絓秀実『反原発の思想史』筑摩選書，2012年
関谷直也『風評被害』光文社新書，2011年
田中慎次郎「平和のための原子炉」『世界』1954年4月号
中谷宇吉郎「続・水爆と人間」『文藝春秋』1954年8月号
西脇安「放射能はどのように危険か」，武谷三男編『死の灰』岩波新書，1954年
丸浜江里子『原水禁署名運動の誕生』凱風社，2011年
三浦耕吉郎「風評被害のポリティクス」『環境社会学研究』第20号，2014年

三宅泰雄『死の灰と闘う科学者』岩波新書，1972 年
山本昭宏『核エネルギー言説の戦後史 1945-1960』人文書院，2012 年
吉村昌光「「死の灰」と「原子力予算」」『中央公論』1954 年 5 月号

第 9 章

ティムール・ヴェルメシュ，森内薫訳『帰ってきたヒトラー』上下，河出書房新社，2014 年
クロード・ケテル，太田佐絵子訳『ヒトラー『わが闘争』とは何か』原書房，2018 年
五島勉『ノストラダムスの大予言』祥伝社，1973 年
佐藤卓己編著『ヒトラーの呪縛』上下，中公文庫，2015 年
「少年 A」の父母『「少年 A」この子を生んで……父と母 悔恨の手記』文春文庫，2001 年
世界博学倶楽部『都市伝説の真相』PHP 研究所，2010 年
髙山文彦『「少年 A」14 歳の肖像』新潮文庫，2001 年
竹下俊郎『メディアの議題設定機能』学文社，1998 年
福田恆存『総統いまだ死せず』新潮社，1970 年
チャールズ・プラット，大森望訳『フリーゾーン大混戦』ハヤカワ文庫，1994 年
篠田博之「「ヒトラーとは考えが違う」植松聖被告が獄中ノートに綴った本心」https://ironna.jp/article/8145
ジョージ・L・モッセ，佐藤卓己・佐藤八寿子訳，『大衆の国民化』柏書房，1994 年
元少年 A『絶歌』太田出版，2015 年
エドガール・モラン，杉山光信訳『オルレアンのうわさ』みすず書房，1973 年
矢追純一『ナチスが UFO を造っていた』KAWADE 夢文庫，1994 年
C・G・ユング，松代洋一訳『空飛ぶ円盤』ちくま学芸文庫，1993 年
R・ルーベンシュタイン，吉田和生訳『大量殺戮と人類の未来』創林社，1981 年
W・リップマン，掛川トミ子訳『世論』上下，岩波文庫，1987 年
アルヴィン・H・ローゼンフェルド，金井和子訳『イメージのなかのヒトラー』未來社，2000 年
ジョナサン・ローチ，飯坂良明訳『表現の自由を脅すもの』角川選書，1996 年

おわりに

佐藤卓己『ファシスト的公共性』岩波書店，2018 年
A・プラトカニス&E・アロンソン，社会行動研究会監訳『プロパガンダ』誠信書房，1998 年